SHODENSHA
SHINSHO

アメリカ側から見た

京裁判史観の虚妄

道朗

祥伝社新書

はじめに――「百年冷戦史観」の提唱

アメリカでいま、近現代史の見直しが起こっている。

日本では、「いわゆる東京裁判史観は、アメリカが日本に押し付けたものだから、東京裁判史観を見直すことは反米的行為だ」――このような粗雑な議論を、信じ込まされている方が多い。

しかし、共和党支持の、特に保守派のアメリカ人の多くは、大戦当時の民主党大統領であるルーズヴェルトのことを嫌っている。それどころか、日本を開戦に導き、結果として中国大陸と朝鮮半島の半分を共産勢力に明け渡した責任を、厳しく問う姿勢を示している。

よって日本の保守派が「ソ連と組み、日本に圧力をかけて戦争を仕掛けたルーズヴェルトの外交は間違いだった」と指摘すれば、彼らは「我が意を得たり」とばかりに快哉《かいさい》を叫ぶだろう。アメリカは一枚岩ではないのだ。

私は歴史の専門家ではないが、民間の立場からアメリカやASEAN諸国のインテリジェンスの関係者と、外交や安全保障について議論をしてきた。

特に一九九七年に、中国系アメリカ人のアイリス・チャン女史が『ザ・レイプ・オブ・ナンキン』という本を出し、全米各地で日本の戦争犯罪を告発するキャンペーンを繰り広げていた際に、内外の専門家たちと共に、その対策を講じてきた。その経験から、歴史認識に関する日本の立場をアメリカに理解させるためにどうしたらいいのか、多くの貴重な知見を得ることができた。

特に重要な発見は、アメリカの保守派の中に、前述のような東京裁判史観に疑問を持つグループがいる、ということだった。

アメリカの保守派が東京裁判史観に疑問を持つ理由は、大別して次の三つだ。

①当時のソ連・中国の膨張主義に対抗するためには、日本の軍事行動は容認されるべきであり、対日圧迫外交を繰り広げたルーズヴェルト民主党政権の対日政策は、間違ってい

た。

②日本を「平和に対する罪」で裁くことは、実定国際法に反している。

③民主党のルーズヴェルト政権の内部にソ連のスパイが入り込んでいて、アメリカの国益を損《そこ》なう外交が行なわれた。戦後においてソ連と中国共産党の台頭をもたらした責任は、ルーズヴェルトにあるはずだ。

以上、三つである。いずれも日本が正しいと考えているわけではないが、日本だけが悪かったとする東京裁判史観に対しては、大きな違和感をもっていることは確かだ。

特にアメリカ政府が一九九五年、戦前から戦後にかけての、在米のソ連スパイの交信記録を解読した「ヴェノナ文書」を公開したことをきっかけに、現在、「ルーズヴェルトとコミンテルンの戦争責任を追及する」という視点から、近現代史の見直しが進んでいる。

そこで、「二十世紀は、ソ連・コミンテルンとの戦争であった」——我々は「百年冷戦史観」と呼んでいる——という視点で、西岡力《にしおかつとむ》氏（東京基督教大学）、島田洋一《しまだよういち》氏（福井県立大学）と二回にわたり、「正論」誌上で鼎談《ていだん》を行なってきた。この百年冷戦史観の概要を私なりに示そうとしたのが、本書である。

百年冷戦史観という観点から日米の保守派は、東京裁判史観見直しで手を携えることができるし、共闘すべきである。本書がその理論武装のための一助となれば幸いである。
本書の上梓に際しては、西尾幹二《にしおかんじ》電気通信大学名誉教授をはじめ、多くの方々にご支援いただいた。この場を借りて感謝申し上げたい。

平成二十八年八月吉日

江崎《えざき》 道朗《みちお》

目次

第一章　対日政策で対立する二つのグループ
――「ウィーク・ジャパン派」と「ストロング・ジャパン派」

第二章　葬《ほうむ》られた「告発」

――「第一次」近現代史見直しの挫折

第三章　ついに公開された「ヴェノナ文書」

――その衝撃と、歴史的意義とは

第四章 アメリカ共産党の「トロイの木馬」作戦
――コミンテルンの巧妙な戦略転換とアメリカの変質

第五章　コミンテルンに乗っ取られたマスコミ
――「反ファシズム」で新聞・出版を恫喝

第六章　日米開戦へと誘導したスパイたち
――目的はひとつ「ソ連を守るため」

第八章　いまも続く共産主義勢力の暗躍
――オバマ大統領、謎の言動の秘密

第一章　対日政策で対立する二つのグループ

――「ウィーク・ジャパン派」と「ストロング・ジャパン派」

真珠湾五十周年記念式典での驚き

アメリカは一枚岩ではない。

アメリカは、多様な価値観が共存する国であり、歴史観も多様に存在する国だ。

アメリカの学校教育では「日本は侵略国家だ」と教わっているので、大多数の人たちはなんとなくそう思い込んでいるが、知識人層の中には、いわゆる東京裁判史観に疑問を持っている人もいる。そんな事実に気付いたのは二〇年以上も前、ハワイにおいてであった。

日本軍による真珠湾攻撃から五〇年目の一九九一年（平成三年）十二月七日、アメリカ政府主催のパールハーバーの記念行事が、ハワイのアリゾナ記念館で開催された。

当時は、「ジャパン・バッシング（日本たたき）」といって、経済的に台頭しつつあった日本に対してアメリカの世論はかなり批判的であった。過去の戦争に触れながら、日本を批判する記事が、アメリカのマスコミに溢《あふ》れていた時代だ。

ハワイでも「卑劣な真珠湾攻撃」が改めて話題となり、地元の日系人たちはかなり神経質になっていると、日本のマスコミも報じていた。

しかし、実際にハワイを訪れてみると、現地の空気は全く異なっていた。

十二月七日の前日には、ワイキキの中心街で退役軍人会と地元住民による戦勝記念パレードがあったが、それは、底抜けに明るく、退役軍人たちの顔は誇らしげで、文字通りお祝いパレードであった。日本に対する批判、怨念などは全く感じなかった。

十二月七日当日、アリゾナ記念館で政府主催イベントが開催されると聞いていたので、タクシーを手配してもらったところ、日本の旅行会社の担当者は「危ないので、イベント会場には行かない方がいいのでは」と心配そうであった。

とはいえ、せっかくハワイに来たので、パールハーバー五十周年記念式典会場に行くことにした。

会場のアリゾナ記念館の広場には、真珠湾攻撃に遭遇したアメリカの退役軍人たちと、現役の軍人たちが数千人、星条旗を手に集まっていた。おそらく日本人は、マスコミ以外は、我々ぐらいしかいなかった。

「真珠湾攻撃の生き残り軍人」という文字が入った揃いの帽子をかぶった退役軍人たちは、我々が日本人であることに気付いていたようだが、特に敵意を感じることもなかった。

しばらくすると、真珠湾に浮かぶ軍艦の甲板にジョージ・ブッシュ大統領（父）が姿を現わし、「どんな不意打ちにも対応できるだけの国防体制を維持することがパールハーバーから得た教訓だ」という趣旨の演説をした。

その式典の最中に、一人の中年アメリカ人に声をかけられた。

ハワイの高校の歴史の先生だと名乗るその男性は、我々が日本人であることに気付いた様子で、小さな声でこう話したのだ。

「自分たちは、恥ずかしいと思っている。あのパールハーバーは、ルーズヴェルト大統領が仕掛けたことであった。今日は、戦争を仕掛けたことについて、歴史的に事実を明らかにして、日本に謝るせっかくのチャンスなのに、ブッシュ大統領は、この機会を戦意高揚のために使っている。こんなことでいいのだろうか」

「そのような考えを持つアメリカ人がいることを初めて知ったが、どうしてそのような考え方を持つようになったのか」と尋ねたところ、「歴史学者チャールズ・ビーアド博士の『ルーズヴェルト大統領と第二次世界大戦』を読んだからだ。しかし、ハワイでその事実を教えると、軍人の子弟が多いため、反発を受けることになり、教えることができないでいる」と、申し訳なさそうに答えた。

帰国して調べてみると、同書は、アメリカでも有名な学者が、フランクリン・ルーズヴエルト民主党大統領の戦争責任を鋭く批判したものであった。一九四八年にアメリカで発刊されたが、当時のトルーマン民主党政権から睨《にら》まれ、禁書同様の扱いを受け、ビーアド博士も失意のうちに亡くなったという。

「日本を見事にやっつけたルーズヴェルト大統領を批判するのはけしからん」ということで、その主張は圧殺されてしまったわけだ。

この本は敗戦後、GHQ（占領軍）の支配下にあった日本の有識者の間では話題になった。が、邦訳されることもなく、その後もその存在を知られることもなかった。開戦七〇年目に当たる二〇一一年に、ようやく『ルーズベルトの責任』（藤原書店）と題して邦訳が出版された。

意外かもしれないが、アメリカでは戦後、ルーズヴェルト民主党政権の戦争責任を追及する本が多数発刊されているが、ほとんどが邦訳されておらず、日本ではその存在も知られていない。

「リメンバー東京」「リメンバー広島」

一九九一年の真珠湾五十周年記念式典の話に戻ろう。

ブッシュ大統領の演説が終わって、あたりを見回していたら、アリゾナ記念館の外で抗議行動が行なわれていることに気付いた。

近くに行くと、青年たちが幾つもの横断幕を掲《かか》げている。そこには、英語で「リメンバー長崎」「リメンバー広島」「リメンバー東京」と書いてあった。

その中の一人に話しかけると、真面目そうなその青年は、「リメンバー・パールハーバーというのは嘘だ」と言う。

「リメンバー・パールハーバーと言うならば、アメリカは、広島や長崎、東京大空襲の犠牲者の問題をどうするのか」と、ブッシュ政権を批判していたのだ。米軍が、日本の民間人を殺害したことに対して批判しているようで、親日家というわけではなかった。どこの国にも自国の政府を批判する人はいるものだ。

翌日、地元ハワイの新聞を見たが、抗議行動のことは一言も触れていない。帰国して日本のマスコミ報道をチェックしたが、やはりどこも書いていない。日本の報道各社が取材に来ていたにもかかわらず、「リメンバー広島」と抗議行動をしていたアメリカの青年グループのことは、一言も書いていない。

これは一体どういうことなのだろうか。

「日本は過去、侵略と植民地支配をした悪い国だった」

このような歴史観が確立されたのは、昭和二十一年五月三日に始まった極東国際軍事裁判、いわゆる東京裁判においてである。そのため、「日本が侵略国家だ」とする歴史観は、東京裁判史観とも呼ばれる。

この東京裁判史観を主導したのは、戦勝国アメリカなのだが、そのアメリカの中に、東京裁判史観に対して批判的な勢力がいる事実を、日米両国のマスコミは報じていない。

「東京裁判史観を批判しても、日本は国際社会で孤立するだけかと思っていたが、ひょっとしたら、国際社会にも味方がいるのかもしれない」

ハワイの取材の体験から、そう考えるようになり、東京裁判と大東亜戦争に関する外国の文献をいろいろと集めるようになった。

それから四年経《た》ち、終戦五〇年にあたる一九九五年、当時は、日本社会党（現在の社民党）の村山富市《むらやまとみいち》総理大臣率いる「自民、社会、新党さきがけ」連立政権であった。

与党の日本社会党と新党さきがけは、終戦五〇年に対して、先の大戦を侵略と認め、謝罪と反省をする国会決議を行なおうと活動を開始していた。

そこで、「自国の自立自尊とアジアの安定のために戦った大東亜戦争を、侵略戦争と批判するのはおかしい」、「国の命令で戦争に赴いた父親、兄弟、夫、息子を侵略者扱いするのか」——こう考える日本遺族会や戦友会が中心となって経済界、宗教界の関係者、学者・文化人も集まり、加瀬俊一《かせとしかず》初代国連大使を会長とする「終戦五十周年国民委員会」を創設し、国会の謝罪決議に反対する署名運動を開始した。

この委員会は、歴史認識に関する研究と広報を中心としたプロジェクトも実施することになった。

そのプロジェクトに参加した私は、日本を代表する国際法の専門家である佐藤和男《さとうかずお》・青山学院大学教授（当時）の指導のもと、いわゆる東京裁判史観に関する国際的な評価について調査・研究を行なうことになった。

東京裁判を批判した共和党タフト上院議員

国会図書館などを利用して本格的な調査を始めると、驚くべきことばかりであった。

東京裁判史観を批判する外国の有識者たちが、多数存在していたからだ。

東京裁判を批判した外国人として有名なのは、東京裁判で判事を務め、『日本無罪論』

を書いたインドのラダ・ビノッド・パール博士だろう。靖国神社の境内には、その銅像が建てられている。

一部の人は承知のことと思うが、インドは、大東亜戦争のおかげでイギリスからの独立が早まったとの歴史観を持っている。インド政府は、インドの独立運動の指導者チャンドラ・ボースは、日本軍と共にインパール作戦を実行しており、日本軍の味方であった。インドは事実上、日本軍の同盟国であったのだ。

このようなインドの立場からすれば、「大東亜戦争は侵略戦争だった」とレッテル貼りをした東京裁判に対して批判的であることは、わからないでもない。

ところが、大東亜戦争で敵となり、東京裁判を主導したアメリカにおいて、東京裁判に批判的な政治家や学者たちがいたことを知ったときは、本当に驚いた。

最も目を惹いたのは、ロバート・A・タフト上院議員だ。

彼は一九四〇年、一九四八年、一九五二年と三回にわたってアメリカ大統領選挙予備選挙に出馬するなど、共和党を代表する政治家だ。「ミスター共和党」と呼ばれ、アメリカ連邦議会には、アメリカの生んだ偉大な上院議員として、その功績を讃《たた》える壮麗な記念碑が建てられているほどだ。

そのタフト上院議員が、東京裁判開始からわずか半年後の一九四六年十月五日、地元オハイオ州ケニヨン法科大学で開催された学会に出席して、「アングロサクソンの伝統たる正義と自由」について講演した。

この講演の最後の部分で、彼はドイツの戦争犯罪を裁いたニュルンベルク裁判に言及し、「事後法による裁判は将来の侵略戦争の発生をくい止める役に立たない」こと、また、「この裁判は正義の実現ではなくして復讐心の発現である」ことを力説し、「勝者による敗者の裁判は、どれほど司法的な体裁を整えてみても、けっして公正なものではありえない」と批判したのだ。

そして、「ドイツ人戦犯一一名の処刑は、アメリカの歴史の汚点となるであろう」と断言し、「同じ過ちが日本において繰り返されないことを切に祈る。なぜならば日本に対してはドイツと異なり、復讐という名目が立ちにくいからだ」と説いた。

野党とはいえ、大統領候補になるほど著名で、実力のある政治家が、公《おおやけ》の席で、正面から東京裁判を批判していたのだ。これは本当に驚くべきことだ。

しかも、タフト上院議員には、『アメリカ人のための外交政策』（邦訳未刊）という著作もあり、まさに外交の専門家なのであった。

その発言はけっして思いつきではなかった。

というのも、タフト上院議員は、一貫してルーズヴェルト民主党政権の反日・親ソの外交政策を批判してきたからだ。

「強い日本」を支持するアメリカ

アメリカは基本的に、共和党と民主党という二つの政党が政権交代を繰り返してきている。

そして民主党のルーズヴェルトは一九三三年、大統領に就任すると直ちに、共産主義を掲げるソ連と国交を樹立し、反共を唱えるドイツと日本に対して敵対的な外交政策をとるようになった。

この対ドイツ敵対外交によって、「アメリカがヨーロッパの紛争に巻き込まれることになるのではないか」と懸念した共和党議員たちは、一九三五年から三七年にかけて一連の中立法を制定し、外国で戦争が起こった場合、アメリカが交戦国に軍需物資を輸出したり、借款を供与したりすることを禁じた。

その理由は、「戦争は必然的に政府への権限集中を生み、個人の自由を制限する全体主義へと発展しかねない」とする初代大統領ワシントン以来の伝統的な外交原則に忠実であろうとしたからである。

戦争となると、大統領に権限が集中する。大統領に権限が集中すると、政府の権限が強化され、個人の自由を侵害する恐れがある。よって、できるだけ戦争は避けるべきであり、特に自国の安全保障と密接には結びつかない外国での戦争に、アメリカはできるだけ関与すべきではない。

――これが、初代大統領ワシントンが唱えた外交原則なのだ。一部の専門家は、これを「孤立主義」と呼ぶが、正確に言えば、「非干渉主義」というものであり、どちらかというと、共和党はその傾向が強かった。

ところが一九三九年、第二次世界大戦が欧州で勃発すると、民主党のルーズヴェルトは、イギリスに対する軍事援助を実施するため、武器貸与法案を連邦議会に提出した。

この法案に真っ向から反対したのが、共和党のハーバート・フーヴァー前大統領やロバート・タフト上院議員、ハミルトン・フィッシュ下院議員たちであり、一九四〇年九月に結成された「アメリカ第一委員会（America First Committee)」であった。

大西洋単独飛行横断で有名なチャールズ・リンドバーグがスポークスマンを務め、最盛期には六五〇の支部と八〇万人の会員を誇った「アメリカ第一委員会」は、「軍需物資の外国援助は、自国の国防力を弱めるとともに、外国での戦争にアメリカを巻き込むことになる」として武器貸与法案に反対するとともに、対日経済制裁の強化にも反対したのである。

そこには、「弱く、敗北した日本ではなく、強い日本を維持することがアメリカの利益となる」(ジョンズ・ホプキンス大学タイラー・デネット)という判断があった。「強い日本」がないと、アジアでの軍事バランスが崩れ、アメリカ政府はアジアに対して介入せざるを得ず、結果的にアメリカも、アジアでの戦争に巻き込まれると考えたのである。

けっして日本に好意的であったからではないが、当時のアメリカ共和党の政治家たちがこのような視点から、対日経済制裁に反対していたことは知っておいていい事実だ。

アメリカは一枚岩ではないし、アメリカ全体が日本の敵であったわけでもない。

ところが戦前のアメリカにも、「強い日本」を支持する政治勢力があったことを触れない人が多い。触れないどころか、「アメリカはすべて日本の敵である」かのように描き、日米対立を煽《あお》る人たちがいる。

その意図は何なのか。日米分断工作に引っかからないようにしたいものだ。

東京裁判を批判する国連国際法委員会

ロバート・タフトというアメリカ共和党を代表する政治家が、東京裁判を批判した背景には、もう一つ、大きな理由がある。

法の支配と国際法だ。

保守派は、歴史と伝統を尊重する。そして、歴史と伝統の中で確立されてきた慣習を文章化したものを「法（Law）」と呼ぶ。

法とは、慣習の中から発見されるものであって、人為的に作るものではない、というのが保守派の立場だ。

そして、ロバート・タフト上院議員は、法の支配を重視する保守派として、東京裁判に反対した。

なぜならば、東京裁判では、戦争を始めたことを「平和に対する罪」と見做《みな》したのだが、当時の国際法には、「平和に対する罪」という概念は存在しなかったからだ。

よって、日本の指導者を「平和に対する罪」で裁くことは実定国際法に違反している、というのがタフト上院議員の立場であったのだ。

が、なにしろ当時アメリカは、トルーマン民主党政権であり、共和党は野党であった。しかも当時のアメリカでは、「敗戦国日本をやっつけろ」という声が渦巻いており、「法の支配を守るべきだ」とする共和党のタフトら良識的な政治家の声は、かき消されてしまった。

なお、国際法の世界では、ロバート・タフトの考え方が支持されている。

たとえば、一九八三年に国連国際法委員会の特別報告者で、セネガル出身のドゥドゥ・ティアム委員による第一次報告書が、国際法委員会の審議のための基調報告として提出された。

一九八五年六月に国連から公刊された「一九八三年度国際法委員会年報」(第2巻、第1部)所載の「人類の平和と安全に対する罪の法典案に関する第一次報告書」(140～141p)には、次のように記されている。


ニュルンベルク裁判は疑いなく一つの重要な先例である。だが、その偶発的特徴と、設置された裁判所の特別目的性とは、遺憾とすべき事柄だった。ニュルンベルク裁判にあびせられた諸批判は周知のところであり、ここで深く論ずる必要はない。ニュルンベルク裁判は、「法ナケレバ罪ナク、法ナケレバ罰ナシ」という原則を侵犯したことを非難されてきた。事後において、行為が犯罪とされ、刑罰が定められたからである。裁かれる者の保護と、弁護の権利とが、犯罪および刑罰が事前に定められていることを必要としていたのに、敗者を勝者の裁判権の下に置き、特別目的のための裁判権を設定したことの故に、ニュルンベルク裁判は批判されてきた。

（佐藤和男監修『世界がさばく東京裁判』明成社）

要するに国連国際法委員会も、ニュルンベルク裁判を「国際法の原則に反する」として批判しているわけだ。この批判は当然、ニュルンベルク裁判の法理をそのまま採用した東京裁判にも向けられている。

国連の国際法の専門家たちは、「東京裁判は国際法上、間違っている」ことを認めているわけだ。ところが、日本の国際法学者たちは、こうした事実に触れようとしない。こと歴史認識に限れば、日本は完全に情報鎖国状態にあると言ってよい。

「ウィーク・ジャパン派」と「ストロング・ジャパン派」

東京裁判を強行したのは、民主党のルーズヴェルト政権であって、共和党のタフト上院議員らはそれに反対していた。

「アメリカ人全員が反日に燃えて、日本を侵略国家だという烙印を押そうとしている」という見方は、実は大きな間違いなのだ。

一部の国際政治学者も触れているが、当時のアメリカの外交政策を詳しく調べると、大別して二つのグループがあった。

一つは、ルーズヴェルト大統領に代表されるグループで、「ウィーク・ジャパン weak Japan（弱い日本）派」と呼ばれる。

「アジアの戦争を引き起こしているのは日本なのだから、日本を弱くすればアジアの平和は保たれる」という考え方だ。具体的には日本に対する対日経済制裁などを主張し、日本が軍事的に弱くなるよう圧力を加えてきたグループで、「日本が中国大陸で戦争を始めたのは、明らかに日本による侵略戦争だ。アジアの平和を乱しているのは、日本だ」と主張していた。

積極的に外国の政治に干渉しようとすることから、「国際主義」「グローバリズム」などとも呼ばれることがある。どちらかと言えば、民主党やアメリカ国務省の中の「中国派」と呼ばれる官僚たちに、この傾向が強かった。

もう一つのグループが、ロバート・タフト上院議員に代表される人たちで、「ストロング・ジャパン strong Japan（強い日本）派」と呼ばれる。

彼らは、こう主張している。

「日本が中国大陸で戦争を始めたのは、ソ連による中国侵略を阻止するとともに、中国の排外主義から、中国大陸に住んで仕事をしている在留邦人たちを守るためだ。悪いのは、国際法を無視して在留邦人を殺害する中国国民党政権と、中国を侵略しようとしているソ連だ」

国際政治は、パワー・バランスで決まるのであって、アジアの平和を維持するためには、ソ連や中国の台頭に対抗するために、日本に対して経済制裁を加えるべきではないという考え方であり、「非干渉主義」などとも呼ばれることがある。

どちらかと言えば、共和党やアメリカ国務省の「日本派」と呼ばれる官僚たちに、この傾向が強かった。

第一章　対日政策で対立する二つのグループ

	政策	国務省派閥	政党
ストロング・ジャパン派	孤立主義、非干渉主義	日本派	共和党系
ウィーク・ジャパン派	国際主義、干渉主義	中国派	民主党系

日本でも、自民党と民進党とでは、外交政策が全く異なる。同じようにアメリカにおいても、共和党と民主党とでは全く外交政策が異なっていた。

そして、アメリカは、「ストロング・ジャパン派」と「ウィーク・ジャパン派」との激しい論争の中で対アジア政策を決定していった。

一例を挙げよう。

一九三一年、満州事変をきっかけに日本政府は、満州全域を軍事占領し、翌三二年に満州国が建国された。こうした日本の動きに対してアメリカ政府内では、見解が真っ二つに割れていた。

そこで一九三五年十一月、アメリカ国務省極東部長スタンレー・ホーンベックは、ジョン・マクマリー駐中アメリカ公使に、現状分析の報告書を書くよう命じた。

マクマリー駐中公使は、国務省に対して次のようなメモランダムを提出した。

満州危機の必然的帰結として発生した事件の進展をみると、ワシントン会議に参加した各国間の国際協調計画の挫折が確認されるだけでなく、国際連盟が、極東で第一義的な責任を果たせなかった事実が示されている。

もちろんソ連が、東アジアの覇権を日本と競う可能性は十分にある。その争いでロシアが勝てば、結果は疑いもなく中国の独立の回復ではなく、日本に代わるソ連への隷属である――その結果、新しい事態が生じ、新しい難問が生まれるだろう。

（ジョン・V・A・マクマリー原著、北岡伸一監訳『平和はいかに失われたか』原書房）

マクマリー公使は一九三三年、ソ連情報収集の前進拠点であったバルト三国のリガの公使となっており、ソ連の拡張主義の恐ろしさをよく理解していた。そのためアメリカ本国に対して、「満州事変だけを見てアメリカ政府が対日経済制裁など日本に対する圧迫外交を行なえば、結果的にソ連の台頭を助長することになるので、アメリカの国益からすればマイナスだ」と、対日非干渉主義を主張したのだ。

日本の徹底的敗北は、極東にも世界にも何の恩恵にはならないだろう。それは単に、一連の新しい緊張を生むだけであり、ロシア帝国の後継者たるソ連が、日本に代わって極東支配のための敵対者として現れることを促すにすぎないだろう。（中略）こんな戦争でアメリカが勝ったとしても、その成果は恐らくソ連が独占してしまうことになる。（同前）

だから、アメリカ政府としては、日本との協調を模索すべきだと、マクマリー公使は提案したのだ。「強い日本がアジアに安定をもたらす」と考える「ストロング・ジャパン派」だったわけだ。

ところが、「強い日本がアジアに混乱をもたらしている」と考えていた「ウィーク・ジャパン派」のホーンベック国務省極東部長は、一九三五年の時点で、このメモランダムを握り潰してしまった。

このホーンベックのアシスタントをしていたのが、アルジャー・ヒスという後にルーズヴェルト大統領の側近となった人物だが、実はソ連のスパイであった。このアルジャー・ヒスという名前は、この先もたびたび出てくるので、覚えておいてほしい。

ルーズヴェルト民主党政権は、その後も「ウィーク・ジャパン派」の政策を採用して対日圧迫外交を続け、最終的にはマクマリー駐中公使の憂慮した通りになった。中国政策をめぐって日米両国政府は対立し、日米戦争となり、日本が軍事的に敗北した結果、中国大陸は、ソ連とその援助を受けた中国共産党に占領されてしまった。「ストロング・ジャパン派」の見方の方が適切であったことが、その後の歴史で証明されたわけだ。

なお、私が講演でこの話をすると、必ず反論をしてくる方がいる。

いやいやアメリカには「ストロング・ジャパン派」も「ウィーク・ジャパン派」もいない。アメリカは、強欲な帝国主義国家であり、日本にとっては敵だ。——こういう意見だ。

確かにアメリカに強欲な帝国主義的な側面があることには同意するし、いざとなればアメリカが日本の味方になってくれるとは限らない。

が、よく考えてほしい。

アメリカ全体を敵に回して、日本が「反米国家」となって喜ぶのは誰なのか。「アメリカはすべて敵だ」と見做すよりも、「ストロング・ジャパン派」を味方につけるよう対米工作をしていく方が、はるかに建設的ではないだろうか。

アメリカに媚《こ》びろと言っているわけではない。

要は日本側が、戦略的に対米関係をいかに構築するかという問題ではないか。日本が戦略的に対米関係を築こうとしなければ、代わって中国共産党政府や韓国がアメリカとの深い関係を築き、気付いたら日本は米中両国から挟撃されるようになってしまったということになりかねない。

現に先の大戦のとき、日本は、「ストロング・ジャパン派」との連携を怠《おこた》り、「鬼畜米英」といったスローガンに踊らされて、アメリカ全体を敵に回し、結果的に米中両国に挟撃されて敗戦に追い込まれた。その歴史の教訓に学ぶべきだ。

「非干渉主義」――アメリカの伝統的な外交原則

よって日本としては、アメリカの「ストロング・ジャパン派」と積極的に組むことが望ましいが、ここで留意しておかなければいけないことは、「ストロング・ジャパン派」イコール親日派ではないということだ。

そもそも外交関係は国益のぶつかり合いであり、自国の国益よりも友好関係を優先する国など存在しない。

アメリカ共和党は、対日経済制裁を仕掛けたルーズヴェルト民主党政権の対日圧迫外交を批判していたが、それは、日本に対して好意的であったからではない。

極めて重要なことなので、この「ストロング・ジャパン派」の論理について改めて整理しておきたい。

①アジア太平洋地域は、ソ連の膨張主義や中国の排外的ナショナリズムによって、大きく混乱している。

②ソ連の膨張主義や中国の排外ナショナリズムを抑止するために、日本はやむを得ず、中国大陸で戦争をしている。そして、日本がソ連の膨張主義と戦ってくれているおかげで、アメリカは、アジア太平洋地域で戦争をしなくて済んでいる。よって、「強い日本を維持することがアメリカの利益となる」(タイラー・デネット教授)。

③逆に、アメリカが日本に対して経済制裁などを実施して日本を圧迫すれば、日本は弱くなり、ソ連の膨張主義がますます強まり、アジアは混乱することになる。そうなると、アメリカとしては、アジアの戦争に関与しなければならなくなる。

④しかし、初代大統領ジョージ・ワシントンは、「戦争は必然的に政府への権限集中を

生み、個人の自由を制限する全体主義へと発展しかねない」として、対外戦争に干渉することを極力避けようとした。この外交方針こそ、アメリカの伝統的な外交原則であるべきだ。

⑤日本を弱体化したら、アジアの混乱は助長され、アメリカ政府としてはアジアの戦争に関与せざるを得なくなる恐れがある。そしてアメリカ政府がアジアで戦争をすることになれば、政府に権限が集中し、アメリカ国民の自由が損《そこ》なわれることになる。

⑥よって、アジアでの戦争に関与しなければならなくなる恐れがある、ルーズヴェルト民主党政権の「対日圧迫外交」には反対である。

このように「ストロング・ジャパン派」は、リベラル派やグローバリスト（対外干渉主義者）からは「孤立主義」「アメリカ第一主義」などと揶揄《やゆ》されているが、自国の自由とアメリカの国益を守る観点から、ルーズヴェルト民主党政権の対日圧迫外交を批判したのであって、けっして親日的であったからではない。

しかも当時、この「ストロング・ジャパン派」を、アメリカの世論は圧倒的に支持していた。

なにしろ一九三六年のアメリカ大統領選挙において、満州国が建国されていたにもかかわらず、日本と中国については、何ら争点にならなかった。

争点にならなかったどころか、民主党は「真の中立」を訴え、対外戦争に関与しないことを訴えていた。共和党も「紛争に巻き込まれるような同盟を避ける」と訴え、やはり対外戦争に関与しないことをアピールしていたのだ。

日本がアジアで満州国を建国するなど、中国大陸での紛争は拡大していったが、当時のアメリカ世論は、アメリカがアジアの紛争に関与することには反対だった。

大統領選挙では、アメリカ海軍の増強の是非が争点の一つとなった。そして、増強を支持する民主党のルーズヴェルトが再選を勝ち取った。その結果、三隻の空母、十一隻の巡洋艦、六十三隻の駆逐艦と十八隻の潜水艦を建造するという大軍拡に踏み切ることができたが、それは繰り返すがアメリカ国民が対日戦争を望んでいた、ということではなかった。

当時のアメリカ国民は「より強力な海軍の存在によって、将来アメリカが戦争に巻き込まれる可能性が少なくなる」と考えたのであって、その時点では、中国問題で日本と戦争するつもりはさらさらなかったのだ。

アメリカ保守派の最大の敵「ニューディール連合」

では、なぜ日米戦争になってしまったのか。

その要因の一つが、戦前、「ウィーク・ジャパン派」のルーズヴェルト民主党政権が対日圧迫外交を強行し、日本を追い詰めたことだ。共和党が政権を握っていたら、日米戦争は起こらなかったかもしれないのだ。

では、なぜルーズヴェルト大統領は、政治の主導権を握ることができたのかと言えば、そのきっかけは、一九二九年十月二十四日の「暗黒の木曜日（Black Thursday）」、つまり株価の大暴落に端《たん》を発する大恐慌であった。

大恐慌当時の政権は、共和党のハーバート・フーヴァー大統領だった。

そしてフーヴァー大統領は、経済政策で大失敗したのだ。

株の暴落と未曾有《みぞう》のデフレに対して政府は大規模な金融緩和、つまりお札を大量に刷って市場に出回る資金量を増やすとともに、財政出動といって政府主導で公共事業などを実施すべきであった。ところが、フーヴァー政権は財政均衡政策を採る一方で、一九三〇年にはスムート・ホーリー法を定め保護貿易政策を採り、世界各国の恐慌を悪化させてしまったのだ。

アメリカ経済は急速に悪化し、一九三三年の名目GDPは一九一九年から45%減少し、株価は80%以上も下落し、工業生産は平均で三分の一以上低落、一二〇〇万人に達する失業者を生み出し、失業率は25%に達した。

街中に失業者が溢れ、「もう資本主義ではダメだ。これからは、新しい経済の仕組み、国家統制経済、つまり社会主義の時代だ」という風潮が一気に蔓延《まんえん》した。

「共和党ではダメだ」という世論の中で、圧倒的な支持を集めて大統領に就任した民主党のルーズヴェルトは、一九三三年、大統領に就任すると「ニューディール（新規蒔き直し）」と称して、「社会主義的な」経済政策を次々と打ち出した。

テネシー渓谷開発公社、民間植林治水隊、公共工事局、社会保障局、連邦住宅局などを設立し、大規模公共事業による失業者対策を実施するとともに、農産物価格維持政策によって農民に利益を保証し、労働者の権利を保護する政策によって、労働者の生活向上を支援した。

このため、連邦政府の財政規模は急増し、税負担が高まる一方、「ニューディーラー」と呼ばれるリベラル派官僚たちの権力が肥大化し、労働組合員も一九三三年の三〇〇万人から一九四一年には九五〇〇万人へと膨れ上がった。

かくして、リベラル派官僚たちと巨大労組、そしてリベラル派のマスコミによる一大政治勢力が、ワシントンを席巻することになった。この一大政治勢力をアメリカの政治史では、「ニューディール連合」と呼ぶ。ルーズヴェルト民主党政権による「ニューディール政策」によって構築された政治集団であるからだ。

この「ニューディール連合」も、アメリカ政治史を語るうえで極めて重要なキーワードであり、ぜひとも覚えておいてほしい。

これまでのアメリカはどちらかと言えば、州政府の寄合所帯であり、連邦政府の力はそれほど強くなかったし、官僚の数も少なかった。何よりもキリスト教を基本とした自助努力と、キリスト教会を拠点とした地域互助協同体によって、アメリカ社会は成り立っていた。

ところが、大恐慌とその後の「ニューディール政策」によって、大規模な社会保障と公共事業を推進するため連邦政府、特に官僚たちの力が飛躍的に強くなった。しかも彼らは、これまでの伝統的なキリスト教道徳よりも、社会主義的な価値観を重視し、リベラルに傾斜するようになった。同様に労働組合のメンバーは経営者に敵対的な態度をとり、ストライキやデモを繰り返し、ドイツや日本に対する経済制裁を訴えるなど、政治的な課題を重視するイデオロギーの強い反体制集団となっていった。

アメリカは、ルーズヴェルト民主党政権の時代に、大きく変わっていったのだ。

しかも、この社会主義的傾向が強い「ニューディール連合」は戦後も、アメリカのマスコミ、労働組合、官僚たちを牛耳《ぎゅうじ》り、民主党を支持する選挙マシーンとして活動した。日米戦争に勝利したアメリカの連邦政府は、「ニューディーラー」と称する社会主義者たちによって席巻されてしまったのだ。

こうした現状に対して、保守系シンクタンク・ヘリテージ財団で会ったリー・エドワーズ博士は、「アメリカの保守主義運動は、ルーズヴェルト民主党政権によって構築された『ニューディール連合』に対抗する目的で始まった」と指摘する。

ロナルド・レーガン大統領の伝記など一六冊の著作を持ち、保守主義運動に関してアメリカを代表する歴史家であるエドワーズ博士によれば、「現代アメリカの保守主義者にとってルーズヴェルトこそ最大の敵」であったのだ。しかも、この構図はいまもなお続いている。

日本では、安倍晋三《あべしんぞう》総理大臣が「戦後レジームからの脱却」ということを主張していたが、それは、アメリカ占領軍——彼らを「ニューディーラー」と呼ぶ——によって構築された社会主義的な戦後憲法体制からの脱却という意味だ。

実はアメリカもまた、ルーズヴェルト民主党大統領によって構築された「ニューディール連合」によって乗っ取られ、支配されてしまったのだ。この「第二次世界大戦後の戦後体制」から脱却しようと、アメリカの保守派は奮闘してきているというわけだ。

戦後、日米両国の保守派は共に、ニューディーラーという社会主義勢力と戦ってきたのである。こうした基本的な構図を、われわれ日本国民の大半が知らない。同盟国アメリカの政治の実態を、日本国民は知らないのだ。これは極めて恐ろしいことではないだろうか。

第二章　葬《ほうむ》られた「告発」

――「第一次」近現代史見直しの挫折

連合国内部でも不評だった「東京裁判」

日本に「侵略国家」というレッテルを貼った東京裁判。

そして、「侵略国家・日本をやっつけたルーズヴェルト大統領の対日圧迫外交は正しかった」ことを内外に宣伝するために開廷されたのが、東京裁判であった。

しかし、ロバート・タフト上院議員ら共和党を中心に「ストロング・ジャパン派」は、ルーズヴェルト民主党政権の対日圧迫外交に批判的であった。

アメリカ国民は「卑劣な」真珠湾「先制」攻撃に激怒したが、だからと言って、戦争の勝者が敗者を一方的に裁く政治ショーを歓迎したわけではなかったのだ。

これまでの戦争がすべてそうであったように、戦争に勝ったのだから、日本から賠償金を取り、領土を割譲させ、戦争指導者の何人かを処罰すればそれでいい話だと考えていたのだ。

ところが、ルーズヴェルト大統領の死後、大統領職を継いだハリー・トルーマンは、実定国際法を歪《ゆが》め、無理やり「平和に対する罪」なるものをでっち上げ、勝者による一方的な見せしめ「裁判」を強行した。それに眉《まゆ》をひそめるアメリカの有識者は、けっして少なくなかった。

一九四六年五月に始まった東京裁判は、開廷当初からあまり評判が良くなかった。東京裁判終結後、オランダのレーリンク判事に対して、GHQ参謀第二部（G2）部長のC・A・ウィロビー将軍も、次のような愚痴をこぼしている。

この裁判は歴史上最悪の偽善だった。こんな裁判が行われたので、自分の息子には軍人になることを禁じるつもりだ。［なぜ東京裁判に不信感を持ったかと言えば］日本が置かれていた状況と同じ状況に置かれたならば、アメリカも日本と同様戦争に訴えたに違いないと思うからである。

（ベルナール・A・レーリンク『The Tokyo Trial and Beyond』、『世界がさばく東京裁判』所収）

ウィロビー将軍は、マッカーサー将軍の熱烈な信奉者であり、対日謀略や検閲を担当するなど、占領政策遂行のうえで重大な役割を果たした人物である。

だが、ウィロビー将軍は、「法の支配」を尊重する保守主義者でもあった。このため、法の支配を恣意《しい》的に歪める、トルーマン民主党政権のデタラメぶり、特に敗戦国の指導者だけを犯罪者として裁く東京裁判のやり方は「歴史上最悪の偽善」と映ったのである。

マッカーサー司令官のアドバイザー役を務めた対日米国政治顧問、対日理事会議長のウィリアム・J・シーボルド総司令部外交局長も、後にこう述べている。

私は、起訴状のなかに述べられた、いまわしい事件の多くを、よく知っていたけれども、本能的に私は、全体として裁判をやったこと自体が誤りであったと感じた。（中略）当時としては、国際法に照らして犯罪ではなかったような行為のために、勝者が敗者を裁判するというような理論には、私は賛成できなかったのだ。もちろん、これと反対の意見の中にも、相当の説得力を持ったものもあった。そして歴史によって、その正当性が証明される時が、来るかもしれない。しかしこの点に関しては、私の感じは非常に強かったので、この最初の演出された法廷の行事が終わるまで、私は、不安な感じに襲われ、ふたたび法廷にはもどらなかった。

（ウィリアム・シーボルド著、野末賢三訳『日本占領外交の回想』朝日新聞社）

アメリカ国務省も同様であった。

ソ連封じ込め、共産主義封じ込め政策を立案したことで有名になった国務省政策企画部初代部長ジョージ・ケナンは一九四八年に来日し、実見した占領行政の過激さに驚嘆している。

日本共産党と労働組合が革命を叫び、デモやストライキを繰り広げているにもかかわらず、GHQは、日本の軍隊、沿岸警備隊、内務省を破壊し、日本の治安機能は麻痺しつつあった。

革命前夜の様相を呈していた占領下の日本を見て、ケナンはこう書いている。

マッカーサー将軍の本部によって、その時点までに実施された占領政策の性質は、一見して、共産主義の乗っ取りのために、日本社会を弱体化するという特別の目的で準備されたとしか思えないものだった。
（片岡鉄哉著『さらば吉田茂』文藝春秋）

当然のことながら、日本人としての誇りを徹底的に痛めつけ、国のために戦った軍人たちの名誉を全否定する東京裁判に対しても、ケナンは手厳しい批判を加えている。

［東京裁判を成立させる］このような法手続きの基盤になるような法律はどこにもな

い。戦時中に捕虜や非戦闘員に対する虐待を禁止する人道的な法はある。B級戦犯の裁判はそれに則っている。しかし公僕として個人が国家のためにする仕事について国際的な犯罪はない。国家自身はその政策に責任がある。戦争の勝ち負けが国家の裁判である。日本の場合は、敗戦の結果として加えられた災害を通じて、その裁判はなされている。といっても、これは勝利者が敗戦国の指導者を個人的に制裁する権利がないというのではない。しかし、そういう制裁は戦争行為の一部としてなされるべきであり、正義と関係ない。またそういう制裁をいかさまな法手続きで装飾すべきでない。

（同前）

ルーズヴェルトの「ウィーク・ジャパン政策」の挫折

繰り返すが、対日圧迫外交を繰り広げた民主党のルーズヴェルト大統領は、「アジアの平和と安定を守るためには、日本を弱くするべきだ」という、いわゆる「ウィーク・ジャパン派」であった。

ルーズヴェルト大統領は、日本とドイツに対して「無条件降伏」を迫り、徹底的に日本とドイツを弱体化し、二度と戦争ができない国にしてしまおうと考えた。そうすれば、世界の平和は守られる、と考えたのだ。

しかし、日本とドイツを弱体化しても、日独以外の国が戦争を起こす可能性がある。

そこでルーズヴェルト大統領は、連合国のアメリカ、イギリス、ソ連、中国、そしてフランスの五大国が「世界の警察官」となって、紛争が起こった場合にそれを取り締まることで世界の平和を維持しようと考えた。共産主義を掲げるソ連と組んで世界の平和を維持する、この「世界の警察官」構想を具体化したのが現在の国際連合だ。

その後、ルーズヴェルト大統領が急逝し、後を継いだ民主党のトルーマン大統領も当初は、「日本を弱くすればアジアの平和と安定を保つことができる」と考え、東京裁判を含む対日占領政策を実施した。

ところが一九四六年六月、蔣介石《しょうかいせき》率いる中国国民党と、毛沢東《もうたくとう》率いる中国共産党が中国大陸で戦争を開始した。いわゆる国共内戦である。

アメリカ国民にとってみれば、四年間にわたる第二次世界大戦をやっとのことで勝利し、平和を取り戻すことができたと安堵していたのに、また戦争が起こったのだ。

「日本を弱くしてもアジアで戦争が勃発した。ルーズヴェルト大統領の見通しは間違いだったのではないか」――アメリカの軍部を中心に「ウィーク・ジャパン派」に対する疑問が急速に広がっていった。

しかも国共内戦は、ヨシフ・スターリン率いるソ連から軍事援助を受けた中国共産党が優勢となり、最終的に中国共産党が勝利し、一九四九年十月、中華人民共和国が誕生した。中国大陸は、共産党のものになってしまった。

非キリスト教国家である日本を打倒すれば、中国大陸にキリスト教国家が誕生するはずであった。

戦前からアメリカのキリスト教徒たちは、中国国民党の蔣介石を懸命に応援していた。キリスト教徒の蔣介石を応援すれば、中国にキリスト教国家が誕生するに違いないと期待していたのだが、その期待は無残にも裏切られた。

中国大陸で活動していたアメリカの宣教師たちは命からがら逃げ出し、敬虔《けいけん》なキリスト教徒たちの献金で中国各地に建てられたキリスト教系の大学や教育施設は、すべて没収されてしまった。

このため、アメリカのキリスト教徒や保守派たちは「なぜ中国に共産党政権が誕生してしまったのか。ルーズヴェルト、そしてトルーマンという歴代民主党政権のウィーク・ジャパン政策が間違っていたからではないのか」と追及を開始したのである。

国共内戦への反発から、民主党のウィーク・ジャパン政策への批判が高まり、代わって「強い日本がアジアに安定をもたらす」というストロング・ジャパン派がアメリカで台頭する。

アメリカ本国での外交政策の転換は、対日政策の転換をもたらした。

一九四八年一月六日、ロイヤル陸軍長官は「日本を極東における全体主義（共産主義）に対する防壁にする」と演説し、現在進行形であった日本弱体化政策を転換することを表明した。

六月二十四日には、ベルリンが封鎖。

八月から九月にかけて、朝鮮半島は韓国と北朝鮮に分割され、アジア共産化の脅威が日本にまで迫ってきた。

もはや日本を弱体化している場合ではない。むしろ日本を反共の防波堤として強くしなければ、アジアは共産化されてしまう。そうした危機感の高まりの中で一九四九年二月二十四日、連合国極東委員会は「国際軍事裁判（東京裁判）はこれ以上、行なわない」と決定する。日本を非難している場合ではなくなったわけだ。

トルーマン民主党政権は当初、三〇年間、日本を占領する予定であったが、一九五〇年六月、朝鮮戦争が勃発すると、日本に対して憲法九条で禁じられていた軍需産業（war potential）の復活と警察予備隊の創設を指示し、「ウィーク・ジャパン政策」を劇的に転換する。

懲罰的な占領政策は取りやめる一方で、日米安保条約を結んで日本を「敵国」から「戦勝国アメリカの同盟国」へと格上げし、日本の経済発展を支援するようにしたのだ。

この「逆コース」と呼ばれる占領政策の転換を理論的に支えたのが、後に駐日大使となったエドウィン・ライシャワーらであった。

彼らは「一九三〇年代に日本が侵略戦争を行なったのは、一部の軍国主義者たちが政権を握ったからだ。しかし戦犯裁判や公職追放を通じてこれら一部の軍国主義者たちを排除した結果、日本は再び民主主義国家として再出発することができるようになった」と主張し、占領政策の成果を誇りつつも、日米安保条約という対米従属構造のもとで、敵国であった日本を同盟国扱いすることを正当化したのである。

「日本をあまり強くするとアジアの平和が損なわれるが、日本を弱くし過ぎてもアジアの平和を維持できない。そこで、アメリカの支配のもとで、日本をある程度、強くしてアジアの平和を維持できるようにしよう」ということだ。

アメリカの国際政治学者たちは、この日米安保体制のことを、「在日米軍によってソ連を封じ込めるとともに、日本の軍事的独立も封じ込める」という意味で「二重封じ込め政策」と呼んでいる。

ここで留意してほしいことは、ライシャワーはあくまで「日中戦争は侵略戦争だ」という歴史観に基づいて、対米従属構造下での日本の経済発展を容認したに過ぎないということだ。このライシャワー路線が、戦後の日本外務省の基本政策となった。

「ヒスはソ連のスパイ」――W・チェンバースの告発

中国大陸での国共内戦の勃発、ソ連による東欧支配という形で、共産主義の脅威が目に見えるようになってくる中で、一人のジャーナリストの告発がアメリカの政界を大きく揺るがした。

『タイム・マガジン』の編集者であるホイッタカー・チェンバースが一九四八年、下院非米活動委員会（The House Committee on Un-American Activities, HUAC）において、「自分が一九三〇年代に秘密の共産主義者スパイとして活動し、アルジャー・ヒスと名乗る若い国務省職員を知っていた」と証言したのだ。

アルジャー・ヒスは、ハーバード大学法律大学院出のインテリで、一九三〇年代後半は国務省極東課でスタンレー・ホーンベック課長のアシスタントを務め、一九四五年にはルーズヴェルト大統領の側近としてヤルタ会談に参加したエリートだ。戦後は国連外交を担当する国務省の「特別政治問題局」の責任者も務めた人物だ。

あのアルジャー・ヒスがソ連のスパイ？　アメリカの政界は大騒ぎになった。

チェンバースは「アルジャー・ヒスが自分に対して政府の機密文書を持ってくるよう強要したため、私はメリーランド州にある自分の農場のカボチャの中にそれらを隠した」と証言し、ヒスの指示でスパイ行為を働いていたと証言したのだ。

ヒスは強硬に嫌疑を否定し、逆に名誉毀損でチェンバースを訴えた。

民主党を支持するアメリカのマスコミは、第二次世界大戦の英雄ルーズヴェルト大統領の側近であるアルジャー・ヒスが「ソ連のスパイであるはずがない」と擁護《ようご》し、チェンバースの証言を「でっち上げだ」と、こぞって非難した。

一方、野党の共和党は、別の判断を下した。

第二次世界大戦後、アメリカは戦争に勝利したはずなのに、東欧諸国はソ連の支配下に入り、中国大陸では、ソ連の軍事援助を受けた中国共産党が戦争を始めた。にもかかわらず、トルーマン民主党政権は、ソ連による東欧支配も中国での内戦にも反対せずに、明確な対策を打とうとしていなかった。

ルーズヴェルト、トルーマンという民主党政権が、ソ連・共産主義勢力の「侵略」を容認しているのは、そもそも民主党政権自体がおかしいからではないか。民主党政権内部にソ連のスパイたちが入り込み、政策を歪めているのではないか。アメリカ共和党の政治家たちはこう考えるようになり、「ソ連のスパイ」を証言したチェンバースに注目するようになったのだ。その急先鋒が、カリフォルニア選出のリチャード・ニクソン、後の大統領であった。

ヒスは連邦下院に設置された非米活動委員会において証言に立ち、ソ連のスパイだとの嫌疑を否定した。が、数年にわたる裁判の結果、ヒスは偽証罪で有罪宣告を受け――時が経過してしまったスパイ行為については時効――四年の禁固刑を言い渡された。

このヒス裁判を通じてアメリカの保守派は、ルーズヴェルト民主党政権に対する疑念をますます深めることになった。「ルーズヴェルト民主党政権は、ソ連・コミンテルンと内通していたのではないのか」と考えるようになったのだ。

「アルジャー・ヒスがソ連のスパイである」と告発したチェンバースは一九五二年、八〇

○ページにのぼる自叙伝『目撃（Witness）』（未邦訳）を出版すると、それはたちまちベストセラーとなった。この本の中でチェンバースは、二十世紀の危機は「神か人間か」、「精神か知性か」、「自由か共産主義か」を人に選ぶよう求める信仰の危機であると主張し、「ソ連共産主義との妥協はあり得ない」と指摘した。

第二次世界大戦においてソ連はアメリカの同盟国であり、ルーズヴェルト大統領はアメリカを勝利に導いた英雄であった。このため野党の共和党の政治家であっても、ソ連とルーズヴェルト民主党政権に対して批判することには、かなりの躊躇《ためら》いがあった。

しかしチェンバースの証言を知ってアメリカの共和党の支持者たち、特に保守派は、「ルーズヴェルト民主党政権の内部でソ連のスパイたちが暗躍し、東欧やアジアをソ連に売り渡す工作をしていたのではないか」と考えるようになった。

そして、ワシントンを牛耳るリベラル派官僚たちが実はソ連共産主義のシンパであり、彼らから政治の主導権を取り戻さない限り、ソ連との冷戦にも敗北することになるかもしれない、という深刻な危機感を持つようになったのである。

アルジャー・ヒスとH・チェンバース、この二人は、ルーズヴェルト民主党政権内部にソ連のスパイがいたことを初めて明らかにしたという意味で、アメリカ政治史にとって忘れることができない人物なのだ。

マッカーシズムの衝撃

実はチェンバースの証言を待つまでもなく、「ルーズヴェルト民主党政権の内部に、ソ連のスパイが多数入り込んでいる」ことを、エドガー・フーヴァー長官率いるFBI（連邦捜査局）は摑《つか》んでいた。ただし、それは違法な盗聴などによってであった。

この違法な盗聴記録の存在を知った国会議員の一人、共和党のジョセフ・マッカーシー上院議員が一九五〇年二月、ウエスト・バージニア州のホイーリングにて、「共産主義者が、なお依然として国務省に雇われている」という爆弾演説を行なった。

そしてソ連共産主義に宥和的な政策を進めたアメリカ国務省や陸軍の幹部たち、特にジョージ・マーシャル国務長官や、蔣介石政権の顧問を務めたオーエン・ラティモアらの責任を激しく追及した。「マーシャル国務長官やラティモアらはソ連に通じており、密かに中国共産党政権の樹立を支援した」というのだ。

マッカーシー上院議員は、具体的には、次の三つのことを訴えた。

①ソ連・コミンテルン（正確に言えば、この時点でコミンテルンは解散しているが、本書では、ソ連による世界的な共産主義ネットワークという意味合いでコミンテルンという用語を使用する）という共産主義者の世界的な組織は、アメリカ政府に侵入し、中国に関するアメリカの外交政策を歪めてきた。

②ところが、ソ連・コミンテルンのスパイたちの浸透に対して、アメリカ政府はあまりにも無防備だ。特に国務省は、ソ連のスパイの浸透に対して脆弱だ。

③しかも、スパイを取り締まるべき情報機関が、ソ連のスパイの危険性を無視し、隠蔽し、誤魔化そうとしている。

折しも米ソ対立によって、ソ連共産主義に対する警戒心が高まっていたときだ。

この告発がきっかけとなって、国務省の役人らが次々と「ソ連のスパイではないのか」という嫌疑をかけられた。

具体的には、ルーズヴェルト大統領の側近アルジャー・ヒス（のちに偽証罪で有罪）、カナダの外交官でGHQの一員として来日していたハーバート・ノーマン（のちに自殺）、同じくGHQの一員として憲法改正に関与したアジア問題の専門家トーマス・A・ビッソン、そして「南京大虐殺三〇万人」を唱えるなど、中国問題に詳しいジャーナリストのアグネス・スメドレー女史（のちにロンドンに逃亡し急死、北京に埋葬）らが、やり玉に挙がった。

「第一次」近現代史見直しの挫折

繰り返すが、第二次世界大戦において、アメリカとソ連は同盟国であった。

このため、スパイの嫌疑を受けた人たちから「同盟国ソ連の味方をすることが何でソ連のスパイになるんだ」と開き直られると、それ以上の追及ができなかった。スパイだと認定するためには証拠が必要だが、FBIによる盗聴記録は、裁判の証拠としては使えなかった。そして何よりもソ連に好意的な発言をしたことをもってその人物を「ソ連のスパイだ」と認定し、犯罪者として扱うことには無理があった。

一方、トルーマン民主党政権と民主党議員、そして親ソ・リベラル系のマスコミは、マッカーシーの告発を「赤狩り」と批判し、徹底的に否定するよう組織的に動いた。

トルーマン民主党政権は、「マッカーシーが指摘するような、共産主義者たちが政府内部に入り込んでいるという事実はなかった」し、「あったとして適正に対処してきた」と断言した。

やり玉に挙がったアメリカ国務省も「ソ連のスパイによって、アメリカの対アジア政策が歪められた事実などない。ルーズヴェルト大統領の外交政策は正しかったのだ」と反論し、暗に「マッカーシー上院議員は、嘘つきの悪党であり、常軌を逸《いっ》した人物だ」と非難した。

結果的に、マッカーシー上院議員の追及は、不発となった。

マッカーシーの告発は、あまりにも不用意、かつ準備不足であったのだ。

チェンバースの自叙伝『目撃』はベストセラーとなっていたが、この本は、あくまでチェンバースの目撃証言だけであり、裁判の証拠として採用するのは困難であった。

マスコミは連日のように、マッカーシーを「赤狩りを行なった言論弾圧論者」と非難した。それでも有力な証拠を示すことができないマッカーシー上院議員に対して、上院は一九五四年十二月、譴責《けんせき》決議を採択してしまう。

以後、「共産主義者」というレッテルを貼ることは「マッカーシズム（MaCarthysm）」と非難されるようになり、共産主義の脅威を指摘することは、ガサツな人権侵害、軍国主義者だと、逆にリベラル系のマスコミから非難されるようになってしまったのだ。

当然のことながら、「ルーズヴェルト民主党政権は、ソ連のスパイに操《あやつ》られたのではないか」という議論は立ち消えになり、ソ連・コミンテルンの責任を追及することは、大学でもマスコミでもタブーとなってしまった。リベラル系マスコミによってタブーにさせられたと言った方が正確かもしれない。

第二次世界大戦後、米ソ冷戦を背景に、「ソ連と連携し、共産主義勢力の拡大に手を貸したルーズヴェルト民主党政権の外交政策は間違いではなかったのか」という形で、「第一次」近現代史の見直しが起こった。が、マッカーシー上院議員の不用意な告発とその失敗によって、「第一次」近現代史の見直しは挫折することになったのだ。

第三章　ついに公開された「ヴェノナ文書」

――その衝撃と、歴史的意義とは

「ヴェノナ文書」の一斉公開

ジョセフ・マッカーシー上院議員が、ルーズヴェルト大統領の側近たちにソ連・コミンテルンのスパイがいたことを立証できていれば、その後もアメリカでは、ソ連・コミンテルンの戦争責任が徹底的に追及され、近現代史も大きく書き換えられたに違いない。

ところが、そうはならなかった。

FBIの盗聴記録によれば、ルーズヴェルト大統領の側近であるアルジャー・ヒスらがソ連のスパイであることは明らかであったが、盗聴記録は違法捜査によって得たものであり、裁判で使用することができなかったからである。

実は、このFBIの盗聴記録とは別に、国務省高官のアルジャー・ヒスらがソ連のスパイであることを示す資料が存在していた。

「ヴェノナ（VENONA）文書」という。近現代史を見直すうえで極めて重要なキーワードだ。

この文書の存在を私が知ったのは、二〇〇一年四月のことであった。

アメリカの首都ワシントンDCにある保守系の民間シンクタンク、ヘリテージ財団を訪ねたときのことだ。

同財団のアジア太平洋の外交担当の研究員たちと、憲法改正や靖国問題、そして日米戦争の評価について議論をしていたところ、ある研究員が「日米戦争のことについてそんなに関心があるのなら、ヴェノナ文書について知っているか」と尋ねてきたのだ。

ヴェノナ文書とは、ソ連・コミンテルンのスパイたちの交信記録だ。

正確に言うと、一九四〇年から一九四四年にかけて、アメリカにいるソ連のスパイとソ連本国との暗号電文をアメリカ陸軍が密かに傍受し、一九四三年から一九八〇年までの長期にわたって、アメリカ国家安全保障局（ＮＳＡ）がイギリス情報部と連携して解読した「ヴェノナ作戦」に関わる文書のことである。

「初めて聞く話だ」と答えると、彼は「近くの書店に行けば、ヴェノナ文書についての研究書が売っているので買って読んだらよい。きっと興味を持つはずだ」と勧めてくれた。

早速、近くの書店に行くと、ヴェノナに関する専門書が二冊、置いてあった（そのうちの一冊、ジョン・アール・ヘインズとハーヴェイ・クレア著『ヴェノナ』は、のちに中西輝政《なかにしてるまさ》監訳『ヴェノナ』として、二〇一〇年にＰＨＰ研究所より邦訳が発刊）。これが、ヴェノナ文書との出会いであった。

このヴェノナ文書を、一九九五年七月十一日、アメリカ政府の国家安全保障局とＦＢ

I、そしてCIA（中央情報局）が情報公開法に基づいて一斉に公開したのである。
このヴェノナ文書の情報公開によって、ルーズヴェルト大統領の側近であったアルジャー・ヒスらがソ連のスパイであることが立証され、マッカーシー上院議員の告発がある程度正しかったことが明らかになりつつある。

ヴェノナ作戦の始まりと、当初の目的

そもそも、この「ヴェノナ文書」はいかにして作られたのか。

詳しくは、中西輝政監訳『ヴェノナ』をご覧いただきたいが、二〇一六年の時点で、同書は絶版となっているので、アメリカ政府の公式解説を踏まえながら、簡単に説明しておこう。

アメリカ政府は一九三九年の第二次世界大戦開始以来、アメリカに出入りする国際電信をコピーして集積していた。その中には、ソ連のものもあったが、暗号電文であり、かつロシア語であることから、単純に集積するだけであり、解読作業まではしていなかった。

ところが一九四三年に、アメリカ陸軍情報部の「特別局」のスタッフが、「ドイツとソ連との間で、米英を出し抜いて単独和平交渉が秘密裡《り》に行なわれている」という噂を聞きつけた。

それを聞いた「特別局」の責任者カーター・クラーク大佐は、「ドイツがソ連と単独和平に踏み切ったら、ドイツは、保有している戦力をすべてイギリス攻撃に向けてくる恐れがある」と考え、ソ連の動向を正確に把握する必要がある、と考えたのだ。

ドイツの攻撃からイギリスを守っているアメリカとしては、ドイツの軍事的動向は極めて重要であった。

クラーク率いる特別局の下には「通信諜報部」があった。ここは、陸軍の暗号解読官のエリート集団で、後に改組されて現在のNSAになる。

一九四三年二月、クラークの命令で通信諜報部は、ソ連の外交暗号電信を調査する小規模なグループを設置した。一九四〇年以降のソ連の暗号電信を解読すれば、在米ソ連の外交官とモスクワの諜報本部との間の秘密通信を読むことができるようになり、スターリンが本気でドイツとの単独講和を追求しているかどうかが分かる、とクラークは考えたのだ。

これが、ヴェノナ作戦の始まりなのである。

ところが、ソ連の暗号の解読は、極めて困難だった。

その困難さは、技術的な問題と、政治的な問題があった。

技術的な問題としては、ソ連が使っていた暗号が極めて高度であって、その解読のためにはソ連の暗号のパターンを見つけ出す必要があり、そのためにはまず膨大な暗号電文を解析するところから始める必要があった。

ホワイト・ハウスによる作戦妨害

政治的な問題は、ルーズヴェルト民主党政権からの「妨害」であった。

ヴェノナ作戦が始まった翌年、フィンランドの情報将校たちが、ストックホルムにおいて、アメリカの情報機関の戦略情報局（OSS、the Office of Strategic Services。後のCIA）代表団に近づき、ソ連の暗号に関係した約一五〇〇頁に及ぶ資料を売る話を持ちかけてきた。

ソ連がフィンランドに侵攻した一九四一年六月に、フィンランド軍は、暗号を解読するうえで重要な手がかりとなる、ソ連の暗号コードブックを入手していたのだ。

エドワード・ステティニアス国務長官（その側近はソ連のスパイ、アルジャー・ヒスだった）は、「ソ連が連合国である」という理由で、ジェームス・ドノヴァンOSS局長にその申し入れを断わるよう告げたが、OSSはともかくそのコードブックを購入した。

しかしアメリカ国務省の強い勧めでルーズヴェルト大統領は、ドノヴァンに対し、「ソ連に対するアメリカの善意を示すために」、そのコードブックをソ連へ速《すみ》やかに返却するよう命じた。ソ連の暗号をアメリカ陸軍が解読することを、アメリカ国務省が懸命に妨害してきたのだ。

やむなくドノヴァンは、アンドレイ・グロムイコ駐米ソ連大使にそのコードブックを引き渡した。

その後も、ホワイト・ハウスからの妨害は続いた。

一九四四年には、陸軍特別局のクラーク大佐が部下たちに向かって「ソ連暗号の解読作業を止めるように」というホワイト・ハウスからの指示を受けたと告げた、という話もある。しかし、クラーク大佐は、この指示を文字通り受け取らずに、ヴェノナ作戦を続けるよう部下に命じている。

一九四五年五月、アメリカの陸軍情報チームが、ザクセンにあるドイツ無線諜報記録保管所において、別のソ連の暗号コードブックを入手した。

ザクセンは、ソ連の占領予定地域であったが、アメリカの陸軍情報チームは、ソ連軍が入ってくるわずか一日前に、そのコードブックを持ち去った。情報こそ、戦争や外交を左右する力であることを、アメリカ陸軍はよく理解していたからだ。

　このコードブックによって、ソ連の暗号解読は飛躍的に進みかけたが、またもや政治的な横やりが入った。

　NSAの幹部で、ソ連の暗号の解読プロジェクトの部長代理だったオリバー・カーベイの証言によれば、大統領になって六週間後の一九四五年六月四日、ハリー・トルーマン大統領は、初めてヴェノナ作戦について報告を受けた。

　当時新しくできた陸軍安全保障局ASA（Army Security Agency、NSAの前身）の局長に就任したカーター・クラークが、トルーマン大統領に対して「アメリカ陸軍の暗号解読者たちが、アメリカにおけるソ連の大規模な諜報作戦行動を示す暗号電文を解読している」ことを報告した。

　トルーマン大統領の反応は「信じがたい作り話のように聞こえる」というものであり、アメリカ政府部内にソ連のスパイがいるという報告に対して、否定的だった。クラーク局長は、トルーマン大統領との会談について「NDG（no damn good　上出来でなかった）」と評している。

　トルーマン大統領が、本当にソ連のスパイたちの浸透を信じていなかったのか、それとも、ソ連のスパイたちが浸透していることを知っていて、あえて知らないふりをしたのか、それはよく分からない。

ただ、このときも「ソ連に反する、いかなる取り組みも停止せよ」という命令をホワイト・ハウスから受けていたと、クラーク局長は示唆している。

はっきりしていることは、ルーズヴェルト、トルーマン民主党政権と国務省によってヴェノナ作戦は妨害を受け続けてきた。アメリカ政府部内にソ連のスパイが浸透している事実を調査されるとまずいという判断を、民主党政権と国務省がしていたことだけは確かなのだ。

ローゼンバーグ夫妻のスパイ活動発覚

技術的にソ連の暗号の解読に成功したのは、第二次世界大戦後であった。

一九四七年末までは、NSAは事実上、単独でヴェノナ作戦に取り組み、解読によって入手した情報は、陸軍情報部のごく一部とだけ共有していた。

しかし、ヴェノナ作戦を指揮していたカーター・クラークが陸軍情報部（G2）次長に就くと、クラークは一九四八年十月、このヴェノナ作戦で得た情報を活かすために、戦前からアメリカ共産党を監視していたＦＢＩに協力を依頼した。

ＦＢＩは一九四三年に「コミンテルン機関」と名付けた捜査を開始し、アメリカ共産党員の行動を徹底的に調べた結果、「ソ連がアメリカ共産党と一緒になって、アメリカに対して大規模なスパイ攻勢を仕掛けていた」ことを、すでに摑んでいたのだ。

ヴェノナ作戦には、大きな障壁があった。それは、ソ連の暗号電文の解読に成功したとしても、その通信文に出てくる名前は、本名ではなく、カバーネーム（仮名）であったことだ。そのカバーネームが実際は誰なのか、それを特定しなければならなかったのだが、ＮＳＡには、そうした調査能力が欠落していた。

たとえば、一九四七年までに解読した通信文に出てくるソ連のスパイは、《アンテナ》というカバーネームを持ち、後に《リベラル》となった。そして、《リベラル》が五年前に結婚した妻の名前はエセルで、当時二十九歳であった。これを手がかりに、該当者を調べなければ、その人物の特定はできない。そのためには、ＦＢＩの情報と突き合わせることが不可欠だった。

アメリカ共産党の動向を執拗に追及していたＦＢＩは、ＮＳＡの提案を受け入れ、ヴェノナ作戦に協力することになり、「ヴェノナ」に出てくるカバーネームを特定する作業が急速に進んだ。その結果、数百人のカバーネームの身元が判明した。

たとえば、前述の《アンテナ》《リベラル》が、ジュリアス・ローゼンバーグだと確定することができた。ローゼンバーグは、ソ連の通信文が記していたとおりの年に、エセル・グリーングラスと結婚していたのだ。

このヴェノナ文書の解読によって、ローゼンバーグ夫妻がソ連のスパイであることが発覚した（一九五〇年）。そしてFBIがローゼンバーグ夫妻の活動を内偵した結果、夫妻が、エセルの実弟で第二次世界大戦中、ロスアラモスの原爆工場に勤務していたデイヴィッド・グリーングラスから原爆製造などの機密情報を受け取り、それをソ連に売っていたことを摑んだのだ。

こうしてNSAとFBIが連携することで、誰がソ連のスパイであるのかが少しずつ特定できるようになった。

一九四八年には、NSAはイギリスの暗号機関（GCHQ）との提携関係を確立した。コンピューターを使った解読技術も格段に飛躍し、一九五〇年に入ると、ソ連外務省の暗号電文が本当の意味で解読できるようになった。

リストに上がった、対日政策関係者の名前

NSAは、FBIやGCHQと連携しながら、ソ連の機密文書の解読とカバーネームの特定を進めた。

一九七〇年代までに、二二〇〇以上の通信文、ページ数にして五〇〇〇頁以上の機密文書を解読し、第二次世界大戦中にソ連・コミンテルンのためにスパイ活動を行ない、ソ連からカバーネームを付けられていた人物がアメリカ国内に三〇〇人以上いることを突き止め、そのうちの一〇〇名を特定することができた。

ヴェノナ作戦によって、次のような事実が判明した。

①第二次世界大戦中のソ連・コミンテルンが、ニューヨークとワシントンを中心に大規模なスパイ網を構築し、数百名のアメリカ共産党員の協力を得て、陸軍省、国務省、軍需生産委員会、経済戦争局、CIAの前身の戦略情報局(OSS)、さらにはホワイト・ハウスなどに対する諜報作戦を行なっていた。

②ソ連の諜報活動が浸透しなかったアメリカ政府の機関は一つもなかったし、国家安全保障に関係する、その他多くの機関の機密を盗み取っていた。

③ルーズヴェルト民主党政権にいた、次のような政府高官が、ソ連のスパイであることが判明した（カバーネーム、本名、主な役職の順に掲載）。

Jurist・Ales　アルジャー・ヒス　財務長官補佐官
Lawyer　ハリー・デクスター・ホワイト　財務次官補
Prince　ローレンス・ダガン　国務省南米課課長
Page　ラフリン・カリー　大統領上級行政職補佐官
Peak　フランク・コー　財務省通貨調査部部長
Saks　ソロモン・アドラー　財務省通貨調査部
Koch　ダンカン・リー　戦略情報局（OSS）日本・中国担当部門主任

注目すべきは、日本に係わり合いがある人物が多いことだ。

アルジャー・ヒスは、ルーズヴェルト大統領がソ連に北方領土などを明け渡す密約を結んだヤルタ会談に、大統領側近として参加している。

ハリー・デクスター・ホワイトは一九四一年七月二十六日、財務省通貨調査部長の時代に、在米日本資産の凍結を主導し、日本の金融資産を無価値にして、日本を実質的に「破産」に追い込んだ人物だ（エドワード・ミラー著『日本経済を殲滅せよ』新潮社）。それだけではない。Lawyer というカバーネームを持つホワイトは、財務省官僚でありながら十一月、日米交渉に際して事実上の対日最後通告となったハル・ノート原案の作成に関与し、東條《とうじょう》内閣を対米戦争へと追い込んだ。

ルーズヴェルト大統領は一九四一年三月、ラフリン・カリー大統領補佐官を中国の蔣介石政権に派遣し、本格的な対中軍事援助について協議をしている。翌四月、カリー大統領補佐官は、蔣介石政権と連携して日本本土を約五〇〇の戦闘機や爆撃機で空爆する計画を立案。ＪＢ３５５と呼ばれる、この日本空爆計画に対してルーズヴェルト大統領は七月二十三日に承認のサインをしている。

日本が真珠湾攻撃をする四カ月以上も前に、ルーズヴェルト大統領は日本爆撃を指示していたわけだが、その立案に動いたのが、Page というカバーネームを持つラフリン・カリーであった。ソ連のスパイたちは、何としても日米戦争を起こそうとしていたわけだ。

ＯＳＳは、戦時中に設立された諜報・宣伝機関であり、この日本部門が、いわゆる東京裁判、神道を弾圧する神道指令、憲法改正、教育制度の改悪、在日朝鮮人と部落解放同盟による国内対立の強化といった戦後の対日占領政策を作ったが、その責任者がKochというカバーネームを持つダンカン・リーであった。

もし、こうした事実が戦後すぐの時点で公開されていれば、日本の占領政策や日米戦争に至る歴史も、大きく見直されたに違いない。

しかし、このヴェノナ作戦で判明した事実は、直ちに公開されることはなかった。

ヴェノナ文書は、なぜすぐに公開されなかったのか

なぜヴェノナ文書を公開しなかったのか。

一九九九年九月四日付の「ヴェノナ作戦情報に関する説明と経過」と題したＦＢＩメモに、そのいきさつが記されている。

一九五〇年、原爆の秘密をソ連に漏らした廉《かど》で逮捕されたローゼンバーグ夫妻については先にも述べたが、それに前後してアメリカ司法省で外国政府のために働くロビイストの登録を調査する部門で働いていたジュディス・コプロンらがソ連のスパイ容疑で逮捕され、起訴された。

これらの裁判において、ヴェノナ文書を証拠として使用するかどうか、ＦＢＩは、内部

で検討した。

一九五六年二月付のFBIメモランダムによれば、「ヴェノナ文書を公開すれば、ソ連・コミンテルンのスパイであることを立証しやすくなると思われるが、アメリカ政府にとっては得策にならない可能性もある」としている。

その理由は以下のとおりである。
①ヴェノナ文書は、ソ連の暗号電文を解読したものであり、アメリカの裁判所において、証拠として認められるかどうか分からない。
②ヴェノナ文書に出てくる名前はすべてカバーネームであり、その内容も断片的である。
たとえば、GHQの一員として来日し、日本の憲法改正にも関与したアジア問題の専門家トーマス・ビッソンは、《アーサー》というカバーネームで呼ばれていることが専門家の分析で明らかになっている。が、暗号電文そのものには、ビッソンの名前がないため、本当に《アーサー》がビッソンであるのかを問われたとき、その立証に膨大な労力がかかる。

③ヴェノナ文書を公開すると、アメリカ陸軍が、ソ連の暗号電文を傍受し、解読していることが国際社会にばれてしまう。そのため、ヴェノナ文書を公開するとなれば、国家安全保障局（NSA）、国家安全保障会議（NSC）などから異議申し立てが来ると予想される。

④ソ連側に、アメリカの暗号電文を傍受し、解読する能力がどれほどなのかを知られることになり、ソ連に対するインテリジェンス活動に支障をきたす。

⑤ルーズヴェルト民主党政権の内部にソ連・コミンテルンのスパイが多数いたことが判明すると、国政選挙に多大な影響を与えることになる（民主党に不利になる）。

⑥そもそも第二次世界大戦において、アメリカとソ連は同盟国であった。にもかかわらず、アメリカは同盟国ソ連の暗号電文を傍受していたことが判明すると、国際的にアメリカは非難されることになる。

⑦他のスパイ事件の裁判にも、影響を与えることになる。

以上のような理由から、FBIは、「ヴェノナ文書を引き続き非公開とする方針を堅持すべきだ」とした。そこで一九五六年の時点で、NSAは、ヴェノナ文書の公開を見送った。

アメリカの安全保障のためにはやむを得ない措置だったかもしれない。が、その結果、ルーズヴェルト民主党政権内部にソ連・コミンテルンのスパイが多数存在し、アメリカの外交政策を歪めてきたことは隠蔽されることになった。そのことは、第二次世界大戦の真実の解明を、著しく遅らせることになった。

アメリカの安全保障のために、歴史の真実の解明は犠牲になったのだ。

「ヴェノナ文書」を研究している歴史家のジョン・アール・ヘインズと、ハーヴェイ・クレアは、次のように述べている。

残念ながら、この場合の政府による秘密保持の大きな成功は、第二次世界大戦後の歴史の理解を深刻に歪曲する結果となってしまった。マッカーシズムや、忠誠心の保全に関わる法制度、ソ連のスパイ活動、アメリカの共産主義、そして初期の冷戦について書かれた数百の図書と数千の論文が、多くの神話を半永久的に確立してしまい、多くのアメリカ人が一九三〇年代から一九五〇年代にかけての自国史について、きわめて歪んだ見方を持つようになってしまった。（中西輝政監訳『ヴェノナ』PHP研究所）

ヘインズらは、国家の安全保障のために真実を隠蔽した結果、「多くのアメリカ人が一九三〇年代から一九五〇年代にかけての自国史について、きわめて歪んだ見方を持つようになってしまった」と指摘する。

アメリカ人が歪んだ見方を持つようになったのは、アメリカの歴史だけではない。日米戦争と現在の同盟国日本に対する見方も、ヴェノナ文書が公開されていれば、大きく修正されていたはずなのだ。

これはあくまで憶測に過ぎないが、アメリカ政府がヴェノナ文書の公開を見送った背景に、「ルーズヴェルト政権内部にいたソ連のスパイたちが日米戦争へと日本を追い込み、占領政策と現行憲法制定に関与していたことが知られることは、アメリカにとっては好ましくない」という判断もあったのではないだろうか。

どちらにしても、アメリカは、国家の安全保障のために歴史の真実を隠蔽する国だ。この冷厳な事実を、きちんと見据えておくべきだろう。

きっかけはソ連崩壊と情報公開

一九八〇年、ヴェノナ作戦は終了した。四〇年以上も前の機密文書を解読することの意味が、もはや、なくなってしまったからである。

そしてヴェノナ作戦終了から一五年が経った一九九五年七月、ヴェノナ文書はようやく公開された。

公開に至る経緯については、『ヴェノナ』の著者、ジョン・アール・ヘインズとハーヴェイ・クレアがこう書いている。

「ヴェノナ」解読文書の元になっている、モスクワの諜報本部がアメリカ国内にいるソ連スパイから受信した通信文のオリジナルは、モスクワの中心に近いブーシキンスカヤ通りにある、どっしりとした威圧するような灰色のビルの中に保管されていた。この文書館には、ソ連共産党とコミンテルンの膨大な量の文書が収められている。コミンテルンとは、周知の通り一九一九年に設立されてから一九四三年スターリンによって「解散」されるまで、ソ連以外のすべての国の共産党に指令を出し指揮・監督していた組織のことである。（同前）

当然のことながら、ソ連が保管していた、これらコミンテルン文書は機密扱いで、非公開であった。

ところが、ソ連の崩壊によって事態が変わったのだ。


一九九一年十二月にソ連は崩壊し、それにとって代ったボリス・エリツィンのロシア連邦政府は、これらの旧共産党の文書館を接収し、管理権限を自らの手に移した。そしてこの文書館は、「ロシア現代史史料保存・研究センター」（略号はRTsKhIDNIとされるが、俗に「リッツキドニー」と呼ばれる）と改名された。（同前）

この「リッツキドニー」と呼ばれる文書館で、ジョン・アール・ヘインズらは、アメリカ共産党に関する大量の文書を発見する。

そして、これらの文書に基づいて、『アメリカ共産党とコミンテルン』（邦訳は五月書房刊）と『アメリカ共産主義のソ連に通じた世界』（未邦訳）の二つの研究書を出した。

そしてヘインズらは、前者の『アメリカ共産党とコミンテルン』において、モスクワで発見した文書から、アメリカで「ヴェノナ作戦」なるものが存在した可能性があることを指摘していた。一九九四年の時点では、ヴェノナ作戦は当然のこと、ヴェノナ作戦を担当していた国家安全保障局（NSA）の存在さえ、一般には全く知られていなかった。

一九九五年の初頭、ヘインズらは、民主党のダニエル・パトリック・モイニハン上院議員から電話をもらった。

モイニハン上院議員は「いまや冷戦が終わったのだから、冷戦中に行なわれたアメリカ政府による諜報活動に関する機密保持や情報秘匿の体制は、大幅に見直されるべきである」という信念を抱いて、アメリカ連邦議会下院に、政府機関による対ソ情報収集活動を調査する「政府機密の保全と公開に関する特別調査委員会（The Commission on Protecting and Reducing Government Secrecy）」を一九九五年に設立し、自らその委員長に就いていた。

そして『アメリカ共産党とコミンテルン』を読んだモイニハン上院議員は、「特別調査委員会に来て、政府の機密保全の在り方について証言してほしい」と、ヘインズらに要請したのである。

そこで我々は一九九五年五月に開かれた委員会に出席し、上述の著書で明らかにした多くの事実について説明したわけである。その中で、我々は「ヴェノナ」の存在を暗示していると思われるソ連の文書があることについて触れ、委員会のメンバーに対して、「今日アメリカの学者が、かつて米国内にいたソ連のスパイによってモスクワに向けて発信された通信文を、ロシア政府によって公開された文書でしか見ることができず、それを解読した文書がアメリカにあるのに、それらはいまだに非公開でアメリカ人でも見ることができないというのは、大変おかしな話で皮肉としか言いようがない」と証言した。「今や冷戦は終わったのであり、それらの解読文も四十年以上も前のものなのだから、アメリカ政府がそれらをいまだに秘密にしているのは理に適わないことだ」と強く主張したのである。（同前）

コミンテルンとアメリカ共産党の研究に取り組み、モスクワにも何度となく通って調査と研究をしてきたヘインズらの言葉は、委員会のメンバーに響いたようだ。

モイニハン上院議員は彼の右手に座っていたＣＩＡ長官でアメリカの諜報活動全般

を調整する立場にもあったジョン・ドイッチェのほうへ向き直り、NSAと話し合って現在、「ヴェノナ作戦」に関する文書がどのように扱われており、今後も秘匿を続ける必要があるかどうか、十分に検討してほしい、と注文した。(同前)

「第二次」近現代史見直しの始まり

実は当時、NSA内部でも何人かの人物が「ヴェノナ文書」の公開に踏み切るべきだと唱え始めていたという。その理由は、幾つか存在した。

第一に、「ヴェノナ作戦」は一九八〇年に終結していた。文字通り「歴史」になっており、公開したところで、アメリカの諜報活動に支障をきたす恐れはなかった。

第二に、「ヴェノナ」の解読文を公開すれば、これまでFBIやCIA、あるいはNSAが総力を挙げて解明しようとしてもできなかった、カバーネームだけで「ヴェノナ」に登場する人物の本名も、職業的な防諜担当官とは違った観点を持つ歴史家やジャーナリストたちなら解明できるかもしれないという期待があった。

第三に、初期の「ヴェノナ作戦」に加わった関係者たちが、ソ連が「絶対に解読されない」と信じていた強固な暗号を破った関係者の驚くべき功績を、自分たちが死ぬ前に公にしてほしい、と願っていた。

第四に、モイニハン上院議員に対する配慮である。というのは、モイニハン上院議員が当時、議会を説得して、政府の機密事項を大幅に削減するよう強制的に命じる法案を通そうとしていた。当時の防諜・対諜報部門の高官は、いまもし四〇年以上経っている「ヴェノナ」の機密を進んで公開することをためらったなら、モイニハン上院議員たちが自分たち防諜・対諜報部門を極めて頑固でどうしようもない連中だと見做し、はるかに徹底した機密公開を義務づける法案を成立させることになるかもしれない、と恐れたのである。

以上のような判断から、一九九五年七月十一日、CIAは公の式典を開催し、「ヴェノナ」の記録が今後、順次公開されることになった、と宣言した。

この「ヴェノナ文書」を精査した「政府の機密守秘に関するモイニハン委員会（The Moynihan Commissions of Government Secrecy)」は一九九七年に出した「最終報告書」で、こう指摘している。

顕著な共産主義者の共同謀議が、ワシントン、ニューヨーク、ハリウッドで実施されていた。（中略）ヴェノナのメッセージは、確実に事実の偉大な貯蔵物を提供し、歴史の隙間を埋める事態を至らしめるであろう。（渡邉稔訳）

アメリカ政府として、戦前から戦時中に「顕著な共産主義者の共同謀議が、ワシントン、ニューヨーク、ハリウッドで実施されていた」ことを認めたわけである。

かくしてアメリカで、「第二次」近現代史見直しが始まることになる。

第四章　アメリカ共産党の「トロイの木馬」作戦

――コミンテルンの巧妙な戦略転換とアメリカの変質

なぜ学者たちは、ヴェノナ文書を無視するのか

このヴェノナ文書の公開によって、アメリカでは、ゆっくりとではあるが、確実に近現代史の見直しが進んでいる。具体的には、第二次世界大戦を勝利に導いたルーズヴェルト大統領に対する評価が、変わろうとしているのだ。

特に反共保守派たちは、ルーズヴェルト大統領を「第二次世界大戦を勝利に導いた英雄」から、「ソ連のスパイたちの暗躍を許し、東欧とアジアを共産主義に明け渡した売国奴」へと、その位置付けを変えようとしている。

ルーズヴェルト民主党政権こそ、日本が死力を尽くして戦ったアメリカの政権であり、現行憲法制定を含む日本敗戦後の占領政策を作ったところだ。

よってルーズヴェルト民主党政権に対する評価が変われば、戦前・戦中・戦後の日本に対する評価と、日米関係史の見直しも迫られるはずなのだが、そうした動きは、日本ではほとんど起こっていない。

その理由は、大別して四つあると思う。

第一に、アメリカにおいては、歴史学会やマスコミがいまだに左派リベラルに牛耳られ

ており、彼らにとってヴェノナ文書の存在は都合が悪いこと。

第二に、日本の学界、マスコミも一部を除いて左派リベラルに牛耳られており、そもそも日本のアカデミズムの世界では、コミンテルンの陰謀説を唱えたりすれば、「まともな学者ではない」と認定され、大学に就職できなくなると言われている。「ヴェノナ」に触れることは、学者としてあるまじき振るまいと見做される。

第三に、アメリカで発行されているヴェノナ文書に関する研究書は、当然のことながら、アメリカ人の立場と関心で書かれているため、それがいかに日本に関わってくるのか、という視点がない。そのため、日本人にとって「ヴェノナ文書」がどのような意味があるのか、理解が深まっていない。

第四に、そもそもヴェノナ作戦で対象となった、ソ連・コミンテルンについて研究している人が、現在の日本にはほとんどいない。かろうじて『ヴェノナ』を監訳された京都大学の中西輝政氏とその関係者が「インテリジェンス・ヒストリー（諜報史研究）」という学問を日本に紹介し、根付かせようと懸命に努力されているぐらいだ。

こうした経緯を踏まえて、アメリカの保守主義運動の歴史と、コミンテルンの活動について研究してきた筆者の立場から、「ヴェノナ文書」によって近現代史はどのように書き直されるべきなのか、具体的には、コミンテルンによって日米戦争がいかに引き起こされたのか、という視点で解説してみよう。

第三インターナショナルとしてのコミンテルン

ヴェノナ作戦のターゲットになったのは、ソ連・コミンテルンと在米スパイたちの交信記録であった。

アメリカ陸軍としては、ナチス・ドイツに対抗するため、ルーズヴェルト民主党政権が共産主義を掲げるソ連と組むことは支持したものの、ソ連という国を信用していたわけではなかった。そのため、ソ連がアメリカに対してどのような工作を仕掛けてきているのか調べるようになったのが、ヴェノナ作戦の始まりだ。

いまでこそ、テレビをはじめとする情報手段の発達によって、ソ連の支配下に置かれた東欧諸国に対する弾圧や、ウラジーミル・レーニンとスターリンの政敵となった人々が大量に粛清されたこと（一説によれば、二〇〇〇万人以上の人が殺害された）が知られるようになり、「共産主義とは、お金持ちを殺し、その財産を奪い、共産党という一部の特権階級が国民を支配する専制体制である」ことが分かってきている。

北朝鮮や中国共産党政府を見るまでもなく、それはよく分かるだろう。

ところが当時は、テレビもインターネットもなく、ソ連の内情はほとんどよく分かっていなかった。そのため、共産主義についてもよく理解されておらず、「共産主義とは民主主義の一つだ」と誤解する人も多かった。

では、そもそもコミンテルンとはどういう組織で、何を目的としていたのか。

コミンテルン（Comintern）とは一九一九年、ロシア共産党（ボルシェヴィキ）のレーニンの主導によりモスクワで創設、一九四三年まで存在した、ロシア共産党主導による、共産主義政党による国際組織のことだ。日本共産党はコミンテルン日本支部として発足したし、中国共産党もコミンテルン中国支部として発足した。コミンテルンなくして、現在のような日本共産党は存在しなかったと言えよう。

その目的は、世界各国で資本家を打倒して共産革命を起こし、労働者の楽園を作る、というものだ。共産党が政府権力を握り（一党独裁）、資本家を打倒し、金持ちから財産を奪って労働者に平等に分配するようにすれば、労働者の楽園が実現できる、という考え方だ。恐ろしいのは、共産党に逆らうと「労働者の敵」と認定され、問答無用で逮捕され、強制労働所に送り込まれたり、殺害されたりするというところだ。

このコミンテルンというのは通称で、実際の名称は「第三インターナショナル」である。

第三というのだから、第一、第二も存在する。

第一インターナショナル(国際労働者協会)は一八六四年、欧州の労働者、社会主義者がロンドンで創設した。趣意書は『資本論』を執筆したカール・マルクスが起草した。組織内分裂によって一八七六年に崩壊した。

第二インターナショナルは一八八九年、パリで創設された社会主義者の国際組織で、ストライキやテロといった直接行動ではなく、選挙による議会進出によって労働者の条件改善を目指したが、一九一四年、第一次世界大戦の勃発によって崩壊した。

この第二インターナショナルの影響は全国各地に残り、選挙による議会進出によって労働者の条件改善を求める政党は、民主社会主義政党(日本で言えば、かつての民社党)として、その後も活動を続けている。この民主社会主義者たちは、一党独裁のコミンテルン、共産党とは一線を画している。

この第一、第二インターナショナルの崩壊を受けて、ソ連のウラジーミル・レーニンが世界の社会主義政党とのネットワークを構築し、世界の共産化を目指したのが、コミンテルンだ。

ただし、レーニンの後を継いだヨシフ・スターリンは一国社会主義論を唱え、世界共産化よりも、世界共産化の「祖国」であるソ連防衛を重視した。

このスターリンの方針転換に反発したレオン・トロツキーの呼びかけで一九三八年、コミンテルンに対抗して結成された国際共産主義組織が、第四インターナショナルだ。

この第四インターナショナルは一九四〇年代以降分裂し、その一部勢力は、戦後、ソ連に対抗して中国共産党の指導を仰ぐ新左翼として世界各地に残存している。

一方、コミンテルンは一九四三年に解散したが、世界各国の共産党とソ連との水面下の関係は継続し、戦後の一九四七年九月にポーランドにおいて、コミンフォルム（正式名称は共産党・労働者党情報局）と名前を変えて復活している。スターリンの死後、一九五六年に廃止されたが、世界各国に共産党とそのシンパは残り、いまなお活動を続けている。

日教組もコミンテルン別働隊の末裔

コミンテルンのユニークな点は、組織建設を重視したことである。

コミンテルンは、世界各国に共産党を設立するだけでなく、その別働隊を構築することで、大衆の組織化を図ったのだ。

特に労働者と教員の組織化を重視した。

そのため、コミンテルンは、専門の別働隊を設置している。その一つが、プロフィンテルン（Profintern：赤色労働組合インターナショナル）だ。

一九二一年七月三日にコミンテルンの後援のもとにモスクワで創設され、第三インターナショナルに加盟していた労働組合を切り崩し、労働者を組織化しようとしたのだ。

しかも共産党は各国の治安当局にマークされて、自由に動けないことが多かったので、労働組合を偽装しながら、ひそかに各国で工作活動に従事した。中国でも、上海にプロフィンテルン極東支部として、太平洋労働組合書記局を設立したが、ここが反日宣伝工作の拠点となった。

もう一つの別働隊が、エドキンテルン（Educational Workers International, 略称 Educ-Intern：教育労働者インターナショナル）であり、こちらは、教職員を対象とした教職員労働組合の世界組織である。

レーニンは、世界共産化のために「学校を共産党の活動家養成の場」と位置付け、そのために教職員の養成・組織化に力を入れた。

日本でも戦前、エドキンテルン日本支部がひそかに結成されており、その中核メンバーが戦後、GHQのニューディーラーと称する社会主義者と組んで設立したのが、日教組（日本教職員組合）である。正確に言えば、一九二九年十月、関東小学校教員連盟が結成され、次いで一九三〇年八月、全国的組織として日本教育労働者組合（教労）準備会が結成され、十一月に正式に創立。これが日教組の母体となった。

日教組は、コミンテルンの別働隊の末裔なのだ。だから、いまだに中国共産党や北朝鮮を賛美し、資本主義を罵倒する方向性を堅持しているわけである。

エドキンテルンは第二次世界大戦後、世界教員組合連盟（FISE）となったが、その後、世界的な教育労働組合ネットワーク「教育インターナショナル（EI＝Educational International）」に合流し、いまも活発に活動している。つまり、世界各国に、日教組のような教職員組合ができていて、いまも連携して活動中なのだ。コミンテルンは、けっして過去の話などではない。

この教育インターナショナル（EI）は現在、世界一七二カ国で約三〇〇〇万人の教職員が加盟する国際機関で、国連のユネスコとも連携している。

日教組はこの教育インターナショナルに加盟し、教育労働者の待遇改善、児童の権利擁護、反戦平和教育、差別反対教育などを推進している。

コミンテルンというと、共産党だけを思い浮かべる人が多いが、実際は、労働組合、教職員組合などの別働隊があり、その裾野は想像以上に広い。

レーニンの標的となった日本とアメリカ

それでは、コミンテルンはどのようにして世界を共産化しようとしたのか。

世界共産化とは、全世界の資本主義国家すべてを転覆・崩壊させ、共産党一党独裁政権を樹立することである。世界各国を、今日の中国や北朝鮮のような国にしようというのだ。私から言えば、狂気の沙汰だが、一方で戦争、貧困、差別などに苦しむ人たちにとっては、現状を変える手段として共産主義が魅力的に見えるようだ。

では、どうやって世界共産化を成功させるのか。

コミンテルンの創設者であるレーニンは、「敗戦革命」という大戦略を唱えた。

敗戦革命とは、「資本主義国家間の矛盾対立を煽って複数の資本主義国家が戦争をするよう仕向けるとともに、その戦争において自分の国を敗戦に追い込み、その混乱に乗じて武装した共産党と労働組合が権力を掌握する」という革命戦略だ。

図式で書くと、こうなる。

各国の共産党員は、資本主義国家同士の対立を煽る。

↓

資本主義国家同士で戦争を起こさせる。

↓

資本主義国にいる共産党員は、労働組合とともに「反戦平和運動」、つまり自国が戦争に負けるよう活動する。

↓

戦争に敗北したら、混乱に乗じて一気に政府を打倒し、権力を奪う。

レーニンの凄いところは、各国で「マルクス・レーニン主義の理解者を増やし、共産党を大きくする」という方法では共産革命を起こすことができない、ということを理解していたことだろう。

日本にとって不幸だったのは、このコミンテルンの謀略の重点対象国が、「日露戦争を戦ったわが日本」と、「世界最大の資本主義国家アメリカ」だったということだ。日米二つの資本主義国の対立を煽って日米戦争へと誘導することは、コミンテルンにとって最重要課題であったのだ。

現にレーニンは、一九二〇年十二月六日、「ロシア共産党（ボ）モスクワ組織の活動分子の会合での演説」の中でこう指摘している。

二つの帝国主義のあいだの、二つの資本主義的国家群のあいだの対立と矛盾を利用し、彼らをたがいにけしかけるべきだということである。（中略）

第一の、われわれにもっとも近い対立――それは、日本と米国の関係である。両者のあいだには戦争が準備されている。（中略）このような情勢のもとで、われわれは平気でいられるだろうか、そして共産主義者として、「われわれはこれらの国の内部で共産主義を宣伝するであろう」と言うだけですまされるであろうか。これは正しいことではあるが、これがすべてではない。共産主義政策の実践的課題は、この敵意を利用して、彼らをたがいにいがみ合わせることである。そこに、新しい情勢が生まれる。二つの帝国主義国、日本と米国をとってみるなら――両者はたたかおうとのぞんでおり、世界制覇をめざして、略奪する権利をめざして、たたかうであろう。（中略）われわれ共産主義者は、他方の国に対抗して一方の国を利用しなければならない。

（『レーニン全集第31巻』マルクス＝レーニン主義研究所訳）

日本とアメリカの対立、イギリスとドイツの対立を徹底的に煽る。そうすることでヨーロッパとアジアに共産国家を作ろうというのが、レーニンの世界戦略であった。

このような「資本主義国家間の戦争から敗戦革命へ」という戦略を遂行するために一九二一年、コミンテルン・アメリカ支部として設置されたのが、アメリカ共産党であった（当時の正式名称は「アメリカ労働者党」であり、後に「アメリカ共産党」と改名されたが、便宜的に「アメリカ共産党」で統一する）。

大恐慌時におけるフーヴァー共和党政権の失政

この大戦略に基づいてアメリカ共産党は活動を開始したが、創立してからしばらくは、アメリカ共産党の勢力はなかなか拡大しなかった。

最大の原因は、一九二〇年代、アメリカは空前の好況に沸いていて、共産主義に関心を持つ人は少なかったことだ。よって共産党に入ったのは、豊かさの恩恵を享受できないマイノリティだけであった。

だが、以下のような組織的な要因もあった。

第一に、「世界共産化」という共産主義イデオロギーにこだわり過ぎて、労働者の待遇改善といった身近な問題を軽視する傾向が強かった。このため、大衆を味方につけることができずにいた。

第二に、共産党は暴力革命を容認しているため、テロや破壊活動を実行する地下組織を重視する傾向が強く、正々堂々と選挙に参加し、議会に進出することには極めて消極的であった。そのため、知名度が上がらなかった。

第三に、共産党の支持母体とすべきであった当時の労働組合には、同業組合と産業別組合があり、両者の反目が激しく、まとまらなかった。特に熟練工と非熟練工との対立をまとめることができなかった。

第四に、共産主義に対する理解がない自由主義者、平和主義者などを味方にしようという発想が乏しかった。

第五に、宗教はアヘンだという言葉があるぐらい、共産主義者は、キリスト教を敵視していた。そのため、共産党はしばしば「神の殺害（God Killing）」を主張し、キリスト教を信仰する一般の国民を敵に回してしまった。

このような要因から党勢は伸び悩み、組織拡大方針をめぐって党内抗争が続くことになった。

転機となったのは、一九二九年十月二十四日に起こった株価の大暴落に始まる大恐慌である。

時のフーヴァー共和党政権は、「大恐慌」という未曾有のデフレに遭遇したにもかかわらず、財政均衡政策を採ってデフレを悪化させたばかりでなく、一九三〇年に保護貿易政策を採り、世界各国の恐慌を悪化させてしまったのだ。

そのため、アメリカ経済は急激に悪化し、一九三三年の名目GDPは一九一九年から45%減少、株価は80%以上下落し、一二〇〇万人に達する失業者を生み出したことは、前にも触れたとおりである。

共産党は、不景気に伴う失業者の増加を利用し、大都市部において「飢餓行進」(Hunger March)を組織して社会不安を煽り、「資本家や銀行は、労働者を搾取している」と非難し、急激に支持者を増やしていった。

たとえば一九三〇年三月、共産党と労働組合統一同盟(TUUL)の指導で失業者の全国統一行動が実施され、実に一二五万人が参加した。その後も、失業者のデモが各地で相次ぎ、退役軍人たちまでがデモに繰り出すようになり、一九三二年三月には、ミシガン州のフォード自動車工場で、職を求めるデモ隊三〇〇〇人に対して警官が発砲し、四人が死亡するなど、騒然とした雰囲気に包まれるようになった。

かくしてフーヴァー共和党政権への抗議運動を通じて、共産党への支持が広がっていった。「大恐慌のもたらした荒廃が共産主義運動に礎石を提供した」(ティム・ワイナー元NYタイムズ記者、『FBI秘録』)のだ。

このような深刻な社会不安を受け止め、新たに登場したのが、ニューディール政策と呼ばれる、政府による経済への介入(積極的な経済政策)を掲げた民主党のフランクリン・ルーズヴェルトであった。彼は一九三二年十一月、大統領選挙に勝利し、政権交代を実現した。

ニューディール政策の目的は、三つのR――救済（relief）・復興（recovery）・改革（reform）――と呼ばれ、ニューディールは農産物価格維持政策によって農民に利益を保証し、労働者の権利を保護する政策によって、労働者の生活向上を助け、不況の下で生活の不安に怯えていた人々にかなりの安心感を与えることに成功しはじめたのだ。

不況であるからこそ、共産党の主張に賛同する人も増える。

ところが、ルーズヴェルト政権の誕生で世情は落ち着き始め、「政府、資本家批判」を叫ぶ共産党への支持は失速していった。

コミンテルンの路線修正と「人民統一戦線」

大恐慌で世界経済が悪化する中で、国際情勢も大きく変動していく。

一九三一年、アジアで満州事変が勃発し、ソ連は日本と国境線を挟んで直接対峙することになった。

日本の台頭に恐怖を覚えたソ連は一九三二年二月、「満州に対する日本の攻撃と反ソ大戦争の準備との密接な関係」を理解していない外国の同志たちを厳しく叱責し、「断固たる大衆動員が必要である。何よりも、あらゆる資本主義国の鉄道を通り、あらゆる資本主義国の港から日本に向けて積みだされる武器と軍需物資の輸送に、反対しなければならない」として、日本と戦う中国を支援するとともに、対日経済制裁を起こすよう各国の共産党に指示した（クリストファー・アンドルー他著『KGBの内幕〈上〉』文藝春秋）。

次いで一九三三年に、ドイツでは、ソ連共産主義打倒を叫ぶアドルフ・ヒトラー政権が成立した。

日独という二つの反共国家の台頭に脅威を感じたソ連は一九三五年七月二十五日から八月二十日にかけて、モスクワで第七回コミンテルン世界大会を開催し、世界戦略を修正した。

五七カ国、六五の共産党から五一〇名の代表が出席した会議では、従来の「階級闘争・世界共産主義革命路線」を修正し、日独という「ファシズム国家」と戦うために、アメリカやイギリスの資本家や社会主義者とも手を組んで広範な「平和とデモクラシーを守る人民統一戦線」（United Front for Peace and Democracy）を構築することが決定された。「世界共産化」よりも、労働者の祖国である「ソ連防衛」に力点を置くよう世界戦略を変更したのだ。

その世界戦略の変更に伴い、次の二つの方針が示された。

第一に、これまで自由主義、資本主義団体と敵対してきたが、今後は、自由主義や資本主義の考え方の持ち主であろうとも、「反ファシズム、反戦思想を持つ者ならば積極的に連携して取り込む」とともに、ファシズム、あるいはブルジョワ機関への潜入を積極的に行なって、内部から崩壊させる。

第二に、ソ連・コミンテルンの当面の敵は、日本、ドイツ、ポーランドなどに絞り、これらの国々を打倒するためには、イギリス、フランス、アメリカといった資本主義国とも積極的に提携する。

そして、世界各国の共産党に対して次のような指示を出したのだ。

すべての資本主義国の共産党は、軍事支出（軍事予算）に反対し（中略）戦争準備の目的でブルジョワ民主主義的自由を制限する非常立法に反対し、軍需工場の労働者の権利の制限に反対し、軍需産業への補助金の交付に反対し、兵器貿易と兵器の輸送に反対して、たたかわなければならない。（中略）

もし反革命戦争が開始されてソ連が社会主義の防衛のために労農赤軍を出動させることを余儀なくされたばあいには、共産主義者は、あらゆる手段をもちい、どんな犠牲をはらってでも、赤軍が帝国主義者の軍隊に勝利するのをたすけるように、すべての勤労者によびかけるであろう。

（日本平和委員会編『平和運動20年資料集』大月書店）

要するに世界各国の共産党は、「資本家打倒」といった共産革命は一時棚上げし、代わってできるだけ多くの自由主義、平和団体と連携しながら、ソ連に軍事的に対抗しようとする日本とドイツの軍備増強に徹底的に反対し、いざとなればソ連を守るため、日本とドイツを敗戦に追い込むよう努力する「平和運動」を優先するように指示したのだ。

ではなぜ、ソ連を守ることが平和を守ることなのか。

戦争とは資本主義国同士が限られた資源を争奪する過程で不可避的に勃発するものであり、恒久平和を実現するためには国際社会から資本主義国をなくし、世界を共産化するしかない。しかし、直ちに世界共産化は難しいので、まずは世界共産化の司令塔であるソ連を守ろう、という論理なのである。

では、このコミンテルンの指示によってアメリカで何が行なわれたのか。

アメリカ共産党による政権内部への浸潤

ソ連・コミンテルンは一九三五年、日米を相討ちにして敗戦に追い込む「敗戦革命」から、アメリカやイギリスと組んで日独を追い詰める「平和とデモクラシーを守る人民統一戦線」へと、大戦略を修正した。

この大戦略の修正を受けて、コミンテルン・アメリカ支部であるアメリカ共産党も、従来の運動方針を修正する。一九三三年の時点で、アメリカ共産党は「国内においては残忍な抑圧の政策であり、国外においては帝国主義者の政策をとっている」とルーズヴェルト大統領を非難していたのだが、ルーズヴェルト政権支持へと態度を豹変させたのだ。

このアメリカ共産党の内情を、詳しく調査・分析した機密報告書が存在する。『米国共産党調書』と名付けられた冊子で、在ニューヨーク日本総領事館が作成したものだ。一九三九年九月に第一弾が作成され、その修正版が外務省アメリカ局第一課から一九四一年二月に出されている。

戦前の日本外務省は、アメリカ各地で活発化する反日宣伝を調査する中で、アメリカにおける反日宣伝の背後にソ連・コミンテルン、アメリカ共産党の暗躍があることを突き止め、その詳細な分析をしていたのだ。

以下、この機密報告書を参考にしながら、アメリカ共産党がいかにして党勢を拡大し、ルーズヴェルト民主党政権内部に浸透していったのか、解説したい。

前述したように、アメリカ共産党は、結成当初は共産主義イデオロギーだけが先行していて、戦略も戦術も曖昧《あいまい》で、かつ組織拡大に向けた具体的対策も手探り状態であった。ところが一九三五年、コミンテルンが「平和とデモクラシーを守る人民統一戦線」を構築するよう指示したことから、アメリカ共産党の方針は明確に定まっていくようになった。

この一九三五年の時点で、アメリカ共産党は次のような運動方針を立案した。

最終目標　「アメリカにおける共産主義革命」

当面の目標　「日本やドイツから革命の祖国ソ連を守る」

では、いかにして「ソ連防衛」をするのか。

アメリカ共産党としては、ソ連の仮想敵国であるドイツや日本と、アメリカとの関係を悪化させ、アメリカが仮想敵国であるドイツや日本に圧迫を加えるよう、アメリカを誘導する、というのが具体的な目標であった。

そのために、アメリカ共産党としては、

①アメリカ国内においてソ連の立場を積極的に擁護・宣伝するとともに、

②ドイツや日本といったソ連の仮想敵国に対して反対の空気を醸成する

という方針を確立した。

こうした方針を実現するためには、何よりもアメリカの世論を味方につけなければならない。そこで、次のような宣伝方針を打ち出した。

①革命理論を一時背後に隠す。

②「デモクラシー」の擁護、「ドイツや日本、イタリア」といったファシズム排撃をスローガンとする。

③共産主義とは二十世紀のアメリカニズムであって、最も進歩している「民主主義」だと説明するようにする。

アメリカ共産党は同時に、アメリカの世論を味方につけるだけでなく、ルーズヴェルト民主党政権内部に入り込む方針も打ち出した。

ソ連との国交樹立に踏み切ったルーズヴェルト民主党政権を「資本主義政権だと批判する」のではなく、「内部に入り込み、ルーズヴェルト政権をけしかけて対日圧迫外交をさせる方が重要だ」という判断からだ。

実際に一九三六年の大統領選挙においてアメリカ共産党は、民主党のルーズヴェルトを支持し、党機関紙「デイリー・ワーカー」などにおいても、ルーズヴェルトのニューディール政策を褒め称えた。

そのため、アメリカの世論、特に民主党を支持する人々はアメリカ共産党に対し好感を持つようになっていく。

一方、「共産革命」の宣伝については、ひとまず中止し、「デモクラシー」擁護、「ファシズム」排撃の旗印のもと、アメリカ国内のリベラル勢力を結集するとともに、保守派勢力の破壊に力を入れることにした。

しかしそれは、共産革命を断念した、ということではなかった。

アメリカ共産党は「デモクラシー」擁護、「ファシズム」排撃の旗印のもと、巧妙に平和団体、文化団体、慈善団体と関係を強化し、その団体の内部に入り込み、それらの団体を内部から牛耳ることを目指したのだ。

特に重視したのが、政権与党であった民主党への工作であった。民主党内の「左派」と「保守派」とを分裂させるよう楔《くさび》を打ち込み、左派主導で民主党を運営できるようにしよう、というのが目的であった。

そうすることで、資本主義体制にとって不利な立法や「過重な課税」によって資本主義体制、特に民間会社の活力を奪おうと考えた。

ルーズヴェルト政権のもとで、重税と政府補償事業による民間企業圧迫、労働争議の支持、手厚い失業者対策といった社会主義的なニューディール政策を推進していけば、やがて資本主義、自由主義が窒息していくと見ていたのである。

実際、社会保険や失業者保険が手厚くなれば、それを主張した（アメリカ共産党が牛耳っている）民主党左派の政治基盤は、ますます強くなっていった。

しかも社会保険料の金銭的負担は民間会社にのしかかり、民間会社の活力は奪われ、結果的に失業者が増えることになった。かくして社会保障が充実すればするほど、民間会社の負担が増え、社会の活力が衰えて、国民経済は混乱するという負のスパイラルに入り込むようになった。

福祉に依存する労働者が増え、国民経済が混乱すればするほど、共産党の発言権は強化されていくことになった。

このように共産党は福祉を拡大することで民間活力を奪い、国民経済を混乱に追い込むことで、民主党を内部から乗っ取りつつ、民主党・共産党連立政権を樹立しようとしたのだ。

「トロイの木馬」作戦

このようなアメリカ共産党の新しい戦略を推進したのは、共産党書記長のアール・ブラウダーであった。

ブラウダーは、中国においてリヒャルト・ゾルゲ（戦時中にソ連のスパイ容疑で日本政府によって逮捕され、死刑になった）や、中国共産党のスパイ部門の責任者であった周恩来《しゅうおんらい》と共に、中国共産党を支援し、反日宣伝を主導していた、アジア問題の専門家であった。

コミンテルンのメンバーであったブラウダーは一九三四年、アメリカ共産党の書記長に就任。ブラウダーのもとで、「平和とデモクラシーを守る人民統一戦線」を推進するための、新しい戦術が採用された。

それは、「内部穿孔《せんこう》工作」(Boring from within) という (当時、日本外務省は、アメリカ共産党の内部穿孔工作について把握しており、「トロイの木馬」作戦と呼んでいた)。

これまでアメリカ共産党は、「資本家打倒」、「キリスト教反対」を叫び、自由主義陣営を敵視してきた。当然、共和党はもちろんのこと、民主党も「資本主義の味方」であるため、敵視していた。

ところが、ルーズヴェルト民主党政権が「労働者重視」政策を打ち出したことを受けて、これまでの「自由主義」批判を止め、共産主義運動に有利だと思われる団体に潜入し、内部から支配しようという戦術に転換したのだ。

潜入対象は、労働団体だけでなく、マスコミ、教育、文化、平和運動など多岐にわたった。

この「内部穿孔工作」を推進するため、アメリカ共産党は党本部機構の中に、内部穿孔工作を推進する秘密部門として、フラクション部 (fraction Department：内部工作部) を設置している。フラクションとは、「破片」「断片」という意味だが、実態は内部穿孔を実行する部門、つまり労働組合、平和団体、教育団体などにスパイを送り込み、その団体を内部から支配しようとする部門だ。

ちなみに党の最高決定機関は二年に一度開催される党大会だが、実際の党務は、政治委員会と執行委員会が担当した。党本部はニューヨークにあり、一九三九年当時、代表はウィリアム・フォスター、書記長はアール・ブラウダーであった。

ヴェノナ文書の研究者であるH・クレアらは、次のように指摘している。

１９３０年代前半のアメリカ合衆国共産党は、社会の片隅に存在する小さな組織でしかなかった。（中略）ナチスの脅威が大きくなるにつれ、ソヴィエトの外交政策、コミンテルンの方針、そして当然ながらアメリカの共産主義者の態度に変化が生まれた。１９３５年にモスクワで開催された第七回コミンテルン大会において、ゲオルギ・ディミトロフ Georgi Dimitrov が新しいコミンテルンの指導者となった。（中略）彼がファシズムに対抗する人民戦線の結成を呼びかけた。リベラル派や社会主義者を非難してきた共産党は、今度はファシズムの拡大と戦うための連合を呼びかけた。アメリカ国内では、アメリカ合衆国共産党がルーズベルトのニューディール政策に理解を示した。（中略）１９３０年代後半までに、ＣＩＯ（産業別組合会議）のメンバーの四分の一が共産主義者の指導下にある組合に所属していた。

人民戦線の方針に支えられて、共産主義者は短期間に数十の組織に入り込み、アメリカ人の生活のさまざまな面に関係を持ち始めた。アメリカ作家連盟League of American Writersや反戦・反ファシズム・アメリカ連盟American League against War and Fascismのような共産主義者が支配するグループに有名な作家、芸術家、知識人が結集した。アメリカ最大の青年グループ連合であるアメリカ青年会議American Youth Congressも共産主義者が仕切っていた。（H・クレア、J・E・ヘインズ、F・I・フイルソフ著、渡辺雅男ほか訳『アメリカ共産党とコミンテルン』五月書房）

キリスト教団体工作と「南京大虐殺」の宣伝

アメリカ共産党が内部穿孔工作の対象として重視したのは、労働組合だけではない。そもそも共産主義は、宗教、特にキリスト教を敵視するイデオロギーだ。このため共産党はキリスト教を敵視していたが、このことが世界有数のキリスト教国であるアメリカ国民の反感を買うことになった。

そこでアメリカ共産党は一九二三年頃より、反宗教運動を一時的に中止し、反戦運動に興味を持つ自由主義的牧師に接近し、自由主義的、平和主義的、人道主義的関心を持つ牧師たちを、ソ連防衛・階級闘争運動に利用しようとした。

しかし、コミンテルンは、なかなかアメリカ共産党の言い分を認めず、反宗教運動の停止も認めようとしなかった。が、西側資本主義国の実態を深く知るにつれ、コミンテルンも態度を軟化させ、アメリカ共産党の「宗教攻撃一時停止政策」を受け入れるようになった。

その一方で、一九二九年の大恐慌によって失業者が街に溢れるようになると、アメリカのプロテスタント宗派は、社会主義に共鳴し、労働争議や反戦平和運動に理解を示すようになった。

一九三〇年、カナダ合同教会（メソジスト教会が改称したもの）はトロント会議を開き、「イエス・キリストの教えの適用は資本主義制度の終焉を意味する、というのがわれわれの信念である」という言葉を含む宣言を発表している。大恐慌がもたらした惨状がすぐに資本主義の廃止に結びつく発想は、今日のわれわれからは短絡に思えるかもしれないが、第一次大戦後の生産力の発展を目の当りにし、永遠の繁栄が疑われもしなかった「二〇年代」のあとゆえに、衝撃は大きかったのである。現在に比べれば社会福祉も、国家による経済活動への介入も非常に少なかったこの時点で、あまりにも極端な経済的不平等、民衆の生活の悲惨さの解決は、急進主義《ラディカリズム》にとって焦眉の急だった。

（中野利子著『外交官E・H・ノーマン』新潮文庫）

そこで一九三三年、アメリカ共産党は「フラクション部」に「教会委員会（Church Committee）」を設置し、プロテスタント宗派に対して「内部穿孔工作」を強化したところ、急速に影響力が拡大することになった。

プロテスタント宗派全体を取りまとめるアメリカ共産党のフロント団体は「国民平和会議」（National Peace Conference）という。その目的は、失業者や高齢者の救済、黒人に対する支援、農地改良とスラム街の改善などで、約四二のプロテスタント団体が加盟した。

その中心団体は、「産業民主化のためのキリスト教会連盟」（Church League for Industrial Democracy）で、実に二二教派、三〇〇〇万人に影響を与えたという。

また、アメリカ共産党は、同じくプロテスタント系の青少年団体「YMCA」と「YWCA」に対する工作も重視した。具体的には、アメリカ共産党のフロント団体「アメリカ学生ユニオン」や「アメリカ青年会議」などを通じて、反戦平和運動への参加を呼びかけ、確実に巻き込んでいったのだ。

その影響は、絶大であった。

何しろキリスト教の信仰がまだまだ強く、日曜日には家族揃って礼拝に行く時代だ。教会に行った際に、牧師や教会の指導者たちが失業者救済や反戦平和の名のもとに、社会主義を語り、アメリカ共産党主導の「反戦平和」集会への参加を呼びかけるようになったのだ。

特に一九三七年の日中戦争以降、アメリカ共産党はプロテスタント各派を通じて、「残虐な日本軍によって殺される中国の子供を救おう」という募金活動を展開、瞬《また》く間に「残虐な日本軍と、可哀想な中国人」というイメージが広がってしまった。

ちなみに、YMCA執行部の一人であり、アメリカ共産党のシンパとして当時から知られていたのが、ジョージ・フィッチである。

彼は、一九三七年十二月の南京攻略戦時、日中両軍の戦闘による被害から一般市民を保護するため設置された「南京安全区国際委員会」の一員であり、その後「南京大虐殺」を宣伝した主要メンバーだ。

具体的には、一九三八年二月末、「南京大虐殺」の模様を撮影したとされるフィルム

（マギー・フィルム）を持って南京を脱出し、アメリカ各地のプロテスタント系の会合にて、このフィルムの上映を行ない、「南京大虐殺」を宣伝した。またフィッチは、いわゆる南京大虐殺の証拠と言われている証言本『戦争とは何か』の共著者の一人であり、東京裁判に対して、「南京大虐殺があった」とする口述書を提出した人物だ。

なお、プロテスタントと異なり、ローマ・カトリック宗派は明確に反共を掲げていて、アメリカ共産党の影響下に入ることはなかった。

なぜ数百もの団体が、反日宣伝を行なったのか

ここで注意してほしいのは、アメリカ共産党は、内部穿孔工作で労働組合やキリスト教団体を次々と乗っ取っていったが、それは、労働組合員やキリスト教団体に所属する聖職者たちを「共産党員」にしたわけではない、ということだ。

アメリカ共産党は、あくまでソ連防衛のためにアメリカを利用しようとしているわけであり、そのために自由主義団体や平和団体、労働組合を利用しようとしたに過ぎない。

アメリカのエドガー・フーヴァーFBI長官は、共産主義運動に関与する人物を、次の五つに分類している（佐々木太郎『革命のインテリジェンス』勁草書房）。

「公然の党員」（"Open" Party Members）
「非公然の党員」（Concealed Party Members）
「同伴者」（Fellow Travelers）
「機会主義者」（Opportunists）
「デュープス」（Dupes）

「同伴者」とは、共産党が示した特定の問題についての対応や解決策への強い共感から、共産党のための活動をする非共産党員だ。

「機会主義者」とは、選挙での票や賄賂《わいろ》といった個人的な利益のため、一時的に共産主義者たちと協力する人たちだ。

最後の「デュープス」は、日本語で言えば、間抜け、騙されやすい人々という意味だ。明確な意思を持って共産党のために活動をする人々ではなく、ソ連やコミンテルンによって運営される政党やフロント組織が訴える普遍的な〝正義〟に対して情緒的な共感を抱き、知らず知らずのうちに共産党に利用されている人々のことを指す。

このようにアメリカ共産党は、労働組合や宗教団体の中に「同伴者」や「機会主義者」、そして「デュープス」を作ることで、その団体をコントロールしようとしたのである。

そして、このような団体操縦法を駆使するがゆえに、共産党員がけっして多くなくても、その影響は極めて大きくなることになる。言い換えれば、こうした手法をとるがゆえに、共産党員だけが敵だと思い込むと、見事にしてやられることになるし、実際にアメリカの労働組合も、キリスト教団体も、見事に乗っ取られてしまったわけだ。

日本外務省が作成した『米国共産党調書』によれば、一九三九年の段階で、この内部穿孔工作によって数百もの団体がアメリカ共産党の影響下に入っていた。そして、これら労働組合、キリスト教団体、人権団体、学生団体、平和人道団体などが、構成員の大半は共産党員ではなかったにもかかわらず、コミンテルン、アメリカ共産党の指示のもと、ルーズヴェルト民主党政権を支持しつつ、反日親ソ親中の宣伝活動をアメリカ各地で繰り広げたのだ。その結果、アメリカの対日世論は急速に悪化していった。

第五章　コミンテルンに乗っ取られたマスコミ

――「反ファシズム」で新聞・出版を恫喝

共産党機関紙が使った「プロパガンダ」

アメリカ共産党は、広報・宣伝工作を最も重視しており、その対応部門である「出版・プロパガンダ部」は、組織として最も充実していた。その部長は、アメリカ共産党の幹部であり、コミンテルンからも信任が厚いクラレンス・ハザウェイ（Clarence Hathaway）であり、彼は党機関紙「デイリー・ワーカー」編集長にも就いていた。

この部門の主要任務は、文筆、演劇、ラジオ、映画、美術、音楽ほか、一切の文化的手段によって党員、およびシンパの指導・啓発だけでなく、大衆に対する宣伝も含まれていた。

特に「出版物工作」は周到なプロパガンダ方針に基づいて実施された。

その目的は、ソ連防衛という観点から、一般大衆に対して「ファシズム反対」「デモクラシー擁護」を宣伝することにあった。

では、「ファシズム」とは何なのか。

国家としては、ナチス・ドイツ、イタリア、日本のことを指すが、実はそれだけではない。労働運動に反対する人や経営者に対しても「ファシスト」とレッテルを貼ろうとしたのだ。

「デイリー・ワーカー」編集長のハザウェイは、次のような編集方針を提示している。

①労働者の利益および労働運動に反対するのは「ファシスト」だ。

②経営者はすべて「ファシスト」だ。

③労働者にとっては、「デモクラシー」は、ファシズムより有利だ。

④世界の「デモクラシー」諸国は一致団結して「ファシズム」国家と戦うべきだ。そして「ソ連」こそが最も進歩している「デモクラシー」国家だ。

⑤最も進歩している「デモクラシー」であり、二十世紀の「アメリカニズム」こそが共産主義であり、その実現が労働者に幸福をもたらす唯一の手段である。

見事な詭弁である。

共産主義者やそのシンパの宣伝手法は、このように相手に一方的にレッテルを貼って、敵対勢力の発言権を奪っていく。日本でも、左派リベラルは、敵対する政治家、政治勢力に対して「軍国主義者」「差別主義者」といったレッテルを貼って社会的に抹殺しようとするが、その手法はコミンテルン仕込みだったわけだ。

それまでアメリカ共産党は、一党独裁を否定する「デモクラシー」を敵視していた。ところが、人民統一戦線によって自由主義、デモクラシー勢力と連携することになったため、「デモクラシー」は「ファシズム」よりましだという屁理屈を打ち出した。

しかも、一党独裁の共産主義と、言論の自由を尊重するデモクラシーとは全く異なるものなのに、共産主義は、最も進歩している「デモクラシー」であり、二十世紀のアメリカニズムだと「宣伝」したのだ。

この方針を党員に周知徹底するためにアメリカ共産党本部が発刊していた日刊紙が「デイリー・ワーカー」であり、一九三八年時点で発行部数は公称七万部、実売はその半分の三万五〇〇〇部と言われている。また、共産党のシンパ向けに編集されていた日曜版「サンデー・デイリー」の発行部数は五万部だった。

出版社乗っ取り工作

アメリカ共産党は、党本部による出版物の発行以外にも、マスコミ、具体的には他の団体や出版物に対する工作を重視した。

その工作方法は大別して二つあった。

第一に、出版物を発行する団体または出版社に対する工作だ。

これは、編集部に、党員または「同伴者（Fellow Travelers）」を送り込むことで、アメリカ共産党の意向に従って編集をさせるようにする方法だ。

「同伴者」とは、前述のとおり共産党が示した特定の問題についての対応や解決策への強い共感から、共産党のための活動をする非共産党員のことを指すが、編集部取り込みではなく、資金を援助して編集方針を支配する方策をとることもある。

この工作の対象となった団体と雑誌は、次のようなものがある。

①リベラルを代表するオピニオン誌「ニュー・マッセズ」。アメリカのリベラル系月刊誌として有名で、全米各社会層に購読されていた。発行部数は公称二万八〇〇〇部。一九三五年頃から論調が左傾化し、編集部に、グランビル・ヒックスなどのアメリカ共産党員が多数入っていた。

②「ソ連友の会」発行の月刊誌「ソヴィエト・ロシア・トゥディ」。ソ連がいかに発展しつつあるのか、労働者がいかなる暮らしをしているのかを知らせる雑誌で、発行部数は

二万五〇〇〇部。

③「アメリカ中国人民友の会」発行の月刊誌「チャイナ・トゥデイ」。反「ファシズム」(イコール反日)の観点から、中国国民党の蔣介石政権と中国民衆の対日抗争を主として取り扱い、一九三七年の日中戦争以降は、アメリカによる対中軍事支援と対日経済制裁を主張した。

共産主義的色彩は、できるだけ出さないようにしていたが、T・A・ビッソン、フィリップ・ジャフェなど編集部の主要メンバーは、アメリカ共産党員であった。

④超党派の平和運動団体「アメリカ平和デモクラシー連盟」発行の月刊誌「ワールド・フォー・ピース・アンド・デモクラシー」。

ここは、反「ファシズム」、「デモクラシー」擁護を掲げ、日本とドイツ、イタリアの外交政策を非難し、対日経済制裁、日本製品ボイコットを主張し、日本とドイツを擁護する政治家や学者を攻撃する論陣を張っていた。

これらの雑誌は、アメリカ国務省とも連携しており、アメリカ政府の対日政策に強い影響を与えた。

「アメリカ作家連盟」の設立

マスコミ工作の第二は、記者および作家に対する工作だ。

出版物を出す団体や出版社に編集者を送り込んだり、資金を提供したりして支配下に置くだけでなく、各種作家団体を内部から支配し、記者や作家を操縦する方策もとった。

アメリカ共産党による作家工作の中核組織は「ジョン・リード・クラブ」といい、アメリカ共産党結党当初、アメリカからソ連に追放されたジョン・リードを記念してアメリカ共産党所属の作家たちが設立した団体だ。

アメリカ共産党と連携し、共産主義の宣伝、共産党員に対するＦＢＩの調査や逮捕に反対するといった活動を展開するとともに、作家養成学校などに財政支援を行ない、共産党を支持する作家養成を行なった。

このジョン・リード・クラブが中核となって人民統一戦線が提起された一九三五年に設立されたのが、「アメリカ作家連盟」である。

この作家連盟の中核メンバーは、共産主義者または左翼の作家と反「ナチス・ドイツ」の作家だが、この作家連盟の真の目的を知らずに利用されている作家たちも含め、約七〇〇名が参加していた。

オピニオン誌「ニュー・マッセズ」編集部のグランビル・ヒックスらが発起人となり、小説『大地』のパール・バック、『武器よさらば』『日はまた昇る』のアーネスト・ヘミングウェイ、『怒りの葡萄』のジョン・スタインベックら、著名な作家七〇〇名が会員となり、ロマン・ロラン（仏）、アンリ・バルビュス（仏、フランス共産党員）、ハインリヒ・マン（独）といった作家が名誉会員となった。

結成大会には、中国共産党を賛美する本を執筆し、「南京大虐殺」を宣伝したアグネス・スメドレー女史や宋慶齢《そうけいれい》・孫文夫人などから祝電が届いた。

このアメリカ作家連盟は、創立以来、アメリカの作家たちに対して反ファシズム、デモクラシー擁護の宣伝に協力するよう圧迫を加えた。このため、自力で原稿を書く場を持っている作家以外は、本人が望むと望まざるとにかかわらず、反ファシズムの宣伝員になってしまうことになった。というのも万が一、ファシズム、つまり日本やドイツに同情的な原稿を書くと、新聞、雑誌の編集者の多くがこのアメリカ作家連盟に加盟しているため、原稿を没にしてしまうのだ。

こうした方針は、公の場で繰り返し確認された。

たとえば一九三九年六月、アメリカ作家連盟第三回大会の席上、D・O・スチュワート会長は「デモクラシーの防波堤は無数の間隙がある。多数の作家が言論をもってデモクラシーを支え、アメリカにおけるデモクラシーの没落を防ぐ必要がある。よって作家として名乗ろうと思うならば、少なくとも反ファシズムの作品を書くべきであり、ニューディール政策を推進するため、あらゆる方法をもって戦うことこそ作家の任務である」と挨拶《あいさつ》した。反ファシズム、つまりドイツや日本に対して批判的な原稿を書くことがアメリカの作家としての任務であると強調したのだ。

このアメリカ作家連盟は、世界的な左翼作家組織「文化擁護世界作家協会」に加盟していた。この協会は、「ドイツにおけるユダヤ人作家の救援」、「ナチス・ドイツ批判」、「ソ連防衛」、「共産主義」を支持する目的で、一九三五年にパリにおいて第一回大会を開催した。一九三八年にはスペインのマドリッドで第二回大会を開催し、アメリカからはアーネスト・ヘミングウェイ、ジョン・スタインベックなどが参加した。明らかにコミンテルンのフロント組織であった。

新聞社支配を意図した「アメリカ新聞ギルド」

当然、新聞社も工作対象になっていた。

アメリカ共産党の「内部穿孔工作」の主要工作機関として、アメリカの新聞対策を担当したのが、「アメリカ新聞ギルド」だ。

このギルドは、一九三三年九月、新聞記者および編集部員の待遇改善、能力増進を主要目的として設立された。共産党員の内部穿孔工作によって次第に共産化し、一九三七年には穏健なＡＦＬ（アメリカ労働総同盟）から離脱し、ＣＩＯ（産業別組織労組）に加盟した。

このギルドは当初、記者と編集者だけが加盟していたが、共産党の方針によって他の新聞関係従業員を次々と加盟させていった。事務員などが次々と加盟し、その数が、記者と編集部員の数をはるかに上回ることになったため、共産党の工作が容易となった。

たとえば、これまではあまりに左翼的過ぎるとして加盟を拒否されていた新聞社や出版社のメンバー、アメリカ共産党の機関紙「デイリー・ワーカー」、「ニュー・マッセズ」誌、「ニュー・リパブリック」誌、「ネイション」誌の関係者も加盟が許されるようになり、まず、ギルドのニューヨーク支部がアメリカ共産党によって完全に支配された。

ニューヨーク支部を牛耳ったアメリカ共産党は、次に左翼勢力が強いシカゴなどで、新聞社に対してギルドに加盟するよう迫っていった。もしギルドに加盟しようとしない新聞社があれば、従業員によるストライキや広告主に対するボイコットを仕掛けて恫喝し、加盟を勝ち取っていった。

しかも、ルーズヴェルト民主党政権の労働調停局などは、アメリカ共産党やＣＩＯによる新聞社従業員の不当行動を常に擁護した。

たとえば、シカゴにある「ヘラルド・エキザミナー」紙は、編集部員と従業員のギルド加盟を認めなかったため、広告主に対する抗議行動と労働組合による購読阻止運動が展開され、経営難に追い込まれた。このような工作を受けたのは、「ニューヨーク・タイムズ」紙、「ロングアイランド・スター」紙など多数に及ぶ。

このような工作の中で、ギルドの中に共産党員や、共産党員ではないが共産党の方針に同調する「同伴者」が増加していった。

もともとギルドの会員は三万人に及び、その大半は共産主義に反対か、または比較的保守的傾向が強かった。

にもかかわらず、共産党系メンバーが、共産党の「内部工作部」の指導を受けてギルドの各種会合すべてに出席し、積極的に発言するのに対して、普通の会員は不熱心で、会合にもあまり出席しない。

かくして共産党系がギルドの会合をリードし、ギルドの規約や方針を共産党に有利に書き換え、遂《つい》に一九三九年夏、サンフランシスコで開催されたギルドの全米代表者会議において役員は、ヘイウッド・ブラウン（「ワールド・テレグラム」紙のコラムニスト）会長を筆頭に、すべて共産党員と同伴者によって占められることになった。

ルーズヴェルト政権内部への浸透

共産党系による「アメリカ新聞ギルド」支配は、アメリカのマスコミに多大な影響を与えることになった。

たとえば、一九三九年五月、アメリカ共産党のフロント組織「ヤング・コミュニスト・リーグ」大会において、アメリカ共産党のアール・ブラウダー書記長がルーズヴェルト大統領の三選支持を打ち出した。

この方針を受けてアメリカ新聞ギルドのニューヨーク支部が七月に、ルーズヴェルト三選を支持する決議を採択。そして七月末にサンフランシスコで開催されたギルド全国会議でも、ルーズヴェルト三選を支持する決議が採択されることになった。

かくしてギルドに加盟する各新聞社やAP、UPなどの国際通信社も、来る大統領選挙において共和党に反対し、民主党のルーズヴェルト大統領の三選を支持する論調の記事を書くようになっていったのだ。

このように新聞記者や通信員などは、アメリカ共産党の代弁者となってニュースを配信し、論説を書くようになっていく。たとえば、日本軍に対する中国軍の勝利や労働運動におけるCIOの躍進などは目立つ見出しがつけられ、大々的に報じられる一方で、日本に有利な記事はわざと目立たないように報じられるようになっていった。

ルーズヴェルト民主党政権を積極的に支持したアメリカ共産党は、政権内部にも入り込んでいく。その一つが、連邦政府が推進した「作家支援プロジェクト」だ。

一九三五年、アメリカ作家連盟が設立された直後、アメリカ共産党、ジョン・リード・クラブ、そしてアメリカ作家連盟は、失業と不況における作家救済運動を開始した。ルーズヴェルト民主党政権側も、これら作家たちを味方につけることで、ニューディール政策を宣伝しようと考え、作家に対する政府救済事業を始めることになった。

この政府救済事業を提案したのが共産党系であったこともあって、この事業の役員も、共産党系が占めることになった。全国理事長には、左翼作家のヘンリー・アルゼルグが就いたが、彼はコミンテルン系の世界反戦会議のアメリカ代表を務めた人物であった。

この共産党系の役員のもとで推進された政府救済事業のもとで、一万人もの作家や新聞記者たちが資金を得ることになったが、失業中の作家や新聞記者の大部分は、失業によって資本主義制度を怨《うら》んでいた。

しかも政府救済事業を推進する役員たちは共産党系であったため、共産党の綱領に従って彼らの大半は、ルーズヴェルト民主党政権を支持するとともに、資本主義を批判する記事を積極的に書くようになった。

かくして彼らは労働組合、黒人差別、移民などを積極的に取り上げて原稿を書くようになるとともに、アメリカの歴史を「資本家による労働者に対する搾取」という形で共産主義の立場から再解釈し、資本主義から社会主義への移行という歴史的必然の中にニューディール政策があるとの見解を示すようになった。

ところが一見、ニューディール政策を支持しているかのように見えることから、ルーズヴェルト民主党政権は、これらの論文や記事を学校教科書として活用するようになっていく。すでに教職員組合も、アメリカ共産党によって乗っ取られつつあった。

アメリカの公立学校の教員も教科書も、アメリカ共産党が掲げる「反戦」「反ファシズム」「デモクラシー擁護という名の社会主義礼賛」へと、変質していくことになった。このルーズヴェルト政権下での学校教育の変質こそ、一九六〇年代のベトナム反戦、学園紛争の母体となった。

ともあれ、労働組合とキリスト教団体を通じて全米各地にアメリカ共産党のネットワークが張り巡らされるだけでなく、マスコミからルーズヴェルト民主党政権内部へと、アメリカ共産党は浸透していくことになった。ルーズヴェルト民主党政権の実態は、ルーズヴェルト民共合同政権だったのだ。

ところで、マスコミへの対応を見ていると、コミンテルン・アメリカ共産党は、マスコミの内部に入り込み、内部からコントロールしようとした。一方、保守派は「偏向報道はけしからん」と批判するだけだ。

どちらがマスコミに対する影響力を発揮するようになるのかと言えば、それは明らかだろう。

マスコミ工作一つとっても、保守派は、戦略の時点で左翼に負けているのだ。保守派も大いにコミンテルン・アメリカ共産党の手法に学ぶべきであろう。

第六章　日米開戦へと誘導したスパイたち

——目的はひとつ「ソ連を守るため」

反日親中へと誘導されたアメリカの世論

改めて概括しておこう。

ソ連は、世界各国で「敗戦革命」を引き起こすことで世界共産化を達成しようと考え、世界各地にコミンテルンの支部を結成した。

とりわけコミンテルンが敵視したのが、ドイツと日本であった。そして、日本で敗戦革命を引き起こすためには、日本とアメリカとを戦わせる必要があると考え、対米工作の拠点としてアメリカ共産党を設立した。が、共産主義イデオロギーを全面に出した党勢拡大ではうまくいかず、対米工作もうまくいかなかった。

転機となったのは、一九二九年に始まる大恐慌であった。時のフーヴァー共和党政権が経済政策に失敗したため、アメリカには失業者が溢れ、「資本主義はダメだ」という雰囲気の中で、社会主義に期待する声がアメリカに溢れた。

しかも、フーヴァー共和党政権に代わって登場した民主党のルーズヴェルト政権は、ニューディール政策という社会主義政策を推進しはじめた。

ソ連・コミンテルンは、満州事変とナチス・ドイツの台頭を受けて、一九三五年、「アメリカやイギリスといった自由主義陣営と手を結び、ファシズム勢力（ドイツや日本）と戦う」という形に世界戦略を修正し、各国の共産党に対して「平和とデモクラシーのための人民統一戦線」を構築するよう指示した。

この指示を受けてアメリカ共産党は、「教職員組合（AFT）」や「産業別組織労組（CIO、組合員数一五〇万人）」といった労働組合やキリスト教団体に「内部穿孔工作」を仕掛け、次々に乗っ取っていった。

共産党色を消したこの反ファシズム、平和擁護運動は、ナチス・ドイツの台頭を憂慮するリベラル派知識人や、キリスト教グループなどの参加を得るようになっていく。

この人民統一戦線の指導にあたったのは、コミンテルンの指示で一九三四年にアメリカ共産党書記長となったアール・ブラウダーであった。

そして一九三七年七月、盧溝橋《ろこうきょう》事件が起こると、アメリカの労働組合、キリスト教団体、人権団体、学生団体、平和人道団体などが、その構成員の大半が共産党員ではなかったにもかかわらず、コミンテルン、アメリカ共産党の指示のもと、ルーズヴェルト民主党政権を支持しつつ、反日親ソ親中の宣伝活動を、アメリカ各地で繰り広げた。

当時、全米二四州に一〇九の支部を持ち、会員数四〇〇万人を誇る「反戦・反ファシズム・アメリカ連盟（American League against War and Fascism）」は十一月に全米大会を開催し、その名称を「アメリカ平和デモクラシー連盟（American League for Peace and Democracy）」と改め、「平和」「デモクラシー」を守るという名目を掲げ、大々的な反日キャンペーンを開始し、アメリカ共産党の内部穿孔工作に影響を受けたマスコミも、この動きを好意的に報じた。

さらにこの「アメリカ平和デモクラシー連盟」のもとに、全米二三都市に支部を持つ「中国支援評議会」を設置し、日本の中国「侵略」反対のデモや、対日武器禁輸を議会に請願する活動も開始した。

在ニューヨーク日本総領事館が作成した昭和十五年七月付機密文書『米国内ノ反日援支運動』によれば、「中国支援評議会」の名誉会長に就任したのは、サラ・デラノ・ルーズヴェルト女史だったが、彼女はルーズヴェルト大統領の実母である。

名誉副会長には中国国民党政府の胡適《こてき》元駐米大使が、常任理事にはマーシャル陸軍参謀総長の夫人が、それぞれ就任した。

表向きはルーズヴェルト大統領の実母や、マーシャル陸軍参謀総長夫人が役員を務めた「中国支援評議会」だが、その実態は、やはりアメリカ共産党のフロント組織だった。

その証拠に常任理事には、フィリップ・ジャフェや冀朝鼎《きちょうてい》ら「ソ連のスパイ」が就き、事務局長にはミルドレッド・プライス女史が就任した。ヴェノナ文書によれば、プライス女史もまた、その姉妹であるマリー・プライス女史（著名な評論家ウォルター・リップマンの秘書）と共に、アメリカの内部情報をソ連に報告していたスパイであった。

ヴェノナ文書が公開された現在だからこそ、彼らがソ連のスパイであることも分かっているが、当時の一般のアメリカ人たちの目には、ジャフェもプライス女史も中国救援に熱心な人道主義者と映っていたに違いない。

中国支援評議会の活動に協力したアメリカ人は約三〇〇〇万人とも言われているが、アメリカの大多数の国民は、見事に騙されていたわけだ。

スティムソン元国務長官を利用したロビー活動

一九三七年十二月から翌年の一月、日本軍占領下の南京にいたジョン・マギー牧師は、戦地の模様を映画フィルムでひそかに撮影していた。

このフィルムは、中国国民党の顧問だったハロルド・ティンパリーの指示で「侵略された中国」と題して編集され、ＹＭＣＡ（キリスト教青年会）による中国支援・日本非難キャンペーン用の映画としてアメリカ各地で上映された。

この映画を南京からアメリカに持ち出したのが中国YMCA主事ジョージ・フィッチで、彼は一九三八年四月、首都ワシントンDCにおいてヘンリー・スティムソン元国務長官や、スタンレー・ホーンベック国務省極東部長ら要人と会見している。

その後、フィッチらが発起人となって一九三八年七月、ニューヨークにおいて「日本の侵略に加担しないアメリカ委員会（The American Committee for Non-Participation in Japanese Aggression）」が設立され、対日禁輸措置の実施などをアメリカ政府に求めるロビー活動が大々的に始まった。

馬暁華《ましようか》著『幻の新秩序とアジア太平洋』（彩流社）によれば、「アメリカ委員会」設立を最初に言い出したのは、ハリー・プライス元燕京《えんきよう》大学教授だった。彼は弟フランク・プライス（在中宣教師）と共に、ニューヨーク地域在住の友人たちに呼び掛け、対中軍事援助の実施や対日経済制裁を求めるロビー団体の必要性について相談した。

さらに六月七日にワシントンDCに赴《おもむ》き、国務省極東部長ホーンベックと会見したところ、「ウィーク・ジャパン派」のホーンベックは、アメリカ社会の「孤立主義」の空気を変え、アジア問題への関心を高めるため、「キャンペーン活動を行なうべきである」との考えを示し、ハリー・プライスの主張を支持した。

国務省の支持を得たプライス兄弟は、「奇跡の人」で有名なヘレン・ケラー女史、元在中国外交官のロジャー・グリーン（ロックフェラー財団理事ジェローム・グリーンの弟）、元在中宣教師マックスウェル・スチュアート、雑誌「アメラジア」編集人フィリップ・ジャフェ、ＹＭＣＡ中国事務局長ジョージ・フィッチなどと共に、前述の「アメリカ委員会」を設立した（正式な設立は一九三九年一月で、元国務長官ヘンリー・スティムソンが名誉会長に就任した）。

発起人の一人、フランク・プライスは、中国国民党中央宣伝部国際宣伝処の英文編集委員会主事だった。

元在中宣教師マックスウェル・スチュアートはアメリカ共産党の外廓団体「アメリカ中国人民友の会」会長であり、同会発行の月刊誌編集者であるジャフェ、ビッソンの二人は、ヴェノナ文書でソ連のスパイと見做された人物だ。

このようにキリスト教関係者を前面に出しながら、その実態は中国国民党の工作員とアメリカ共産党関係者によって構成されていた「アメリカ委員会」は、『日本の戦争犯罪に加担するアメリカ』と題したブックレット（Ａ5判サイズで八〇頁）を六万部、『戦争犯罪』と題したパンフレットを二万二〇〇〇部作製し、連邦議会上下両院のあらゆる議員やキリスト教団体、婦人団体、労働組合などに配布し、大々的なロビー活動を開始した。

このパンフレットでは、アメリカの各界有識者やジャーナリストたちが「一九三七年のシナ事変以降、日本軍は中国人民を殺害し、戦争犯罪を繰り返しているが、その日本軍に武器や燃料を供給しているのはアメリカであり、アメリカは中国における日本の戦争犯罪に加担している。よって日本の戦争犯罪を阻止するためには、日本に対して経済制裁をすべきだ」と、訴えていた。

この活動も大々的にアメリカのマスコミによって報道されつづけたが、そのマスコミを裏で操っていたのもまた、アメリカ共産党であった。その活動は、アメリカの対日世論を反日へと牽引することになった。

繰り返すが、当時、アメリカ世論は、必ずしも反日的というわけではなかった。

「中国大陸で日本が軍事行動をしているのは、ソ連による中国侵略を阻止するとともに、中国の排外主義から、中国大陸に住んで仕事をしている在留邦人たちを守るためだ。悪いのは、国際法を無視して在留邦人を殺害する中国国民党政権と、中国を侵略しようとしているソ連であり、アメリカは紛争の早期解決のために協力すべきだ」というのが、アメリカの一般的な世論であり、フーヴァー前共和党大統領や、ロバート・タフト上院議員（共和党）らの考え方であった。

それは、アメリカ国務省も同様であった。たとえば、駐中アメリカ大使のネルソン・ジョンソンは、中国大陸での日本の軍事行動に対して「アメリカが軍事力を行使することには反対だ」と主張していた。

一九三七年七月七日、シナ事変が始まり、一九三七年九月、在中国アメリカ企業をアメリカ軍によって保護することがアメリカ政府の閣議で検討されたが、ハロルド・イッキーズ内務長官は「そんなことは全くばかげたことだ、外国における事業投資は、投資家の責任だ」と述べている。

この頃、行なわれた世論調査でも95％の人たちは、「日中紛争のどちらにも同情していない」と回答しており、「アメリカの世論は、現在、極東において領土を保有することを全く支持していない」と、ピューリッツァー賞を受賞した著名な作家のテイラー・デネットは結論付けていた。

ところが、民主党のルーズヴェルト大統領は、「日本が中国大陸で戦争を始めたのは、明らかに日本による侵略戦争だ。アジアの平和を乱しているのは、日本だ」と考え、ひそかに対日経済制裁を検討しはじめていた。

いまも、自民党の安倍政権と民進党や共産党とでは、防衛や外交の政策が全く違う。

同様に戦前のアメリカでも、民主党と共和党とでは、日本に対する見方がかなり違っていた。かなり大雑把に言えば、ソ連に対する警戒心から日本の行動に理解を示していたのが共和党であり、日本に対して厳しい見方をしていたのが民主党ということになる。

残念なことに、シナ事変から大東亜戦争に至る期間、アメリカ政府を牛耳っていたのは、ルーズヴェルト民主党政権であった。

そして、このルーズヴェルト民主党政権の反日親中政策を後押ししたのが、アメリカ共産党主導の反日宣伝であったのだ。

残念ながら、現在の日本では、戦前、アメリカにおいてコミンテルン・アメリカ共産党主導で大々的な反日宣伝が繰り広げられていたことは、ほとんど知られていない。そして、あたかもアメリカ全体が反日だったかのように誤解してしまっている。このような歴史認識では、「日本にとって本当の敵は誰なのか」を見誤ることになろう。

とにかく、この反日宣伝とロビー活動を受けて、ルーズヴェルト民主党政権は、中国支援へと舵《かじ》を切っていく。

ホーンベック国務省極東部長の進言を受けたルーズヴェルト大統領は一九三八年十二

月、「対日牽制の意をこめて」、中国国民党政府に二五〇〇万ドルの借款《しやっかん》供与を決定した。

このルーズヴェルト政権に対するロビー活動を背後で指揮したのが、アメリカ共産党本部のアール・ブラウダー書記長が部長を務める「政務部」だ。

アメリカ共産党は、連邦議会の対日政策を子細に検討し、その対策案を作成するとともに、影響下にあるフロント団体を前面に出してロビー活動を展開したのだ。

たとえば、日本が侵略国家という前提で、日本に対する軍需物資および主要商品の禁輸を主張する要望書を一九三九年に提出したが、それは、「アメリカ平和デモクラシー連盟」が提出したものだった。

同連盟は、五〇〇〇万人のアメリカ国民を代表すると称し、アメリカ共産党の影響下にあるマスコミが、それを大々的に報じた。そのため、多くの下院議員が五〇〇〇万人のアメリカ国民が対日経済制裁を求めていると誤信することになった。

ただし、アメリカ共産党に内通する確信犯もいた。

一九三九年の下院議員選挙で民主党から出馬し、アメリカ労働党から推薦を受けて当選したビト・マルカントニオ（Vito Marcantonio ハーレム出身のイタリア系移民）下院議員は、隠れ共産党員だと見做されていた。そのほか、共産党系団体や左翼団体の活動に協力的な下院議員も民主党の中に約七〇名ほどおり、その多くが大都市選出議員であり、共産党を敵に回すと損だと考えていたメンバーであった。

対日圧迫外交を主導した太平洋問題調査会（ＩＰＲ）

この連邦議会に対するロビー活動を理論的に支えたのが、当時アメリカ最大のアジア問題のシンクタンク「太平洋問題調査会（ＩＰＲ、The Institute of Pacific Relations）」だった。

ＩＰＲは、アジア太平洋沿岸国のＹＭＣＡの主事（教会の牧師にあたる）たちの国際理解を推進するとともに、キリスト教布教を強化する目的で一九二五年、ハワイのホノルルで汎太平洋ＹＭＣＡ会議を開催した際に創設された。

ロックフェラー財団の資金援助を受けたＩＰＲは、アメリカ、日本、中国、カナダ、オーストラリアなどに支部を持ち、二年に一度の割合で国際会議を開催、一九三〇年代には世界を代表するアジア問題についてのシンクタンクへと成長することになる。

このＩＰＲを、アメリカ共産党は乗っ取ったのだ。

ＹＭＣＡ主事としてインドや中国で活動したエドワード・Ｃ・カーターが一九三三年に

事務総長に就任するや、中立的な研究機関から日本の外交政策を批判する政治団体へと、IPRは、その性格を大きく変えていく。

カーター事務総長は一九三四年、IPR本部事務局をホノルルからニューヨークに移すとともに、政治問題について積極的に取り上げることを主張し、機関誌「パシフィック・アフェアーズ」の編集長に、オーエン・ラティモアを抜擢した。

後にマッカーシー上院議員によって「ソ連のスパイ」と非難されたラティモアは、IPRの機関誌において日本の中国政策を「侵略的」と非難する一方、中国共産党に好意的記事を掲載するなど、その政治的偏向ぶりは当時から問題になっていた。

にもかかわらず、ラティモアを擁護しつづけたカーター事務総長は、FBIの機密ファイルによれば、自ら「共産党のシンパだ」と認めており、そのまわりには共産党関係者が集まっていた。一九二九年にカーターの秘書としてIPR事務局に入ったフレデリック・ヴァンダービルド・フィールドは有名な資産家の息子で、その左翼的言動から「赤い百万長者」と呼ばれていた。

このIPRがシナ事変以降、ルーズヴェルト民主党政権の対日政策を、対日圧迫政策へと牽引していった。

シナ事変勃発から南京陥落へ続く一九三七年当時、中国情勢に対するアメリカの世論は、様子見といったところであった。

ところが、一九三八年一月六日から十日、サンフランシスコでIPR中央理事会が開催され、国際事務局の責任で、シナ事変に関する調査を実施することを決定した。会議の参加者は、エドワード・C・カーター事務総長のほか、オーエン・ラティモア、フレデリック・フィールドなどであり、アメリカ共産党とそのシンパが会議を主導した。

この決定を受けてIPR国際事務局のカーター事務総長が二月九日、日本IPRに対して「極東紛争に関する全面的調査」の実施を、突然、提案した。日本側は「日本を裁断するようなものになっては困る」と返答している（以下、山岡道男著『「太平洋問題調査会」研究』龍渓書舎 参照）。

二月二十三日、IPRの新調査計画の資金として九万ドルが、ロックフェラー財団の理事会で承認される。つまり、ロックフェラー財団が後押ししたのだ。

そのためIPR国際事務局は七月三日から六日、新調査計画を検討するため、第一回企画会議を開催。カーター事務総長のほか、米国調査会のフィールド、ミリアム・ファーレーらが参加した。

七月の第二回企画会議に続けて、八月十二日から十九日、第三回企画会議が開催された。これには訪米した日本の高柳賢三《たかやなぎけんぞう》のほか、オーストラリアIPRよりハロルド・ティンパリーらが参加した。ティンパリーは、前述のとおり、南京大虐殺三〇万人の証拠の一つとされた『戦争とは何か』という証言記録本を編集した新聞記者である。

その後も会議が行なわれ、その結果、エドワード・カーターIPR事務総長は、フィールド（「アメラジア」編集部）やティンパリーらと協議し、日中戦争に関する調査ブックレットの発行を決定した。

そしてその編集は、IPR事務局にいたエジアティカス、陳翰笙《ちんかんしょう》、冀朝鼎の三人に委ねられた。エジアティカスはドイツ共産党員、陳翰笙は一九三〇年代、上海でゾルゲと共に対日工作に従事し、一九三五年以降、IPRの機関誌「パシフィック・アフェアーズ」編集部に所属していたコミンテルンのスパイだった。経済学者として有名だった冀朝鼎も米国共産党員で、革命後帰国し、中華人民共和国の貿易局長などを歴任した。

この三人の依頼で、調査ブックレットを執筆した一人が、共産党のフロント組織「カナダ中国人民友の会」書記をしていたハーバート・ノーマンだった。

おそらくイギリス留学中に共産党の秘密党員となっていたノーマンは一九四〇年、IP

Rから『日本における近代国家の成立』を刊行し、日本が中国大陸で戦争をしているのは、中国在住の邦人を保護するためでも、中国の排外ナショナリズムに挑発されたからでもなく、日本自体が明治維新後も専制的な軍国主義国家であったからだと説明し、コミンテルンのプロパガンダである「日本＝ファシズム国家」論を主張したのである。中国大陸での紛争のすべての責任は、日本の軍国主義体質にあると決め付けたわけである。

対日強硬派のルーズヴェルト大統領らは、このノーマン理論を使って、対日圧迫外交の正当性を訴えることになる。

しかも、日本の中国「侵略」を批判する「調査シリーズ」というこのブックレット集は、アメリカの対日占領政策の骨格を決定することになった。なぜならIPRは戦時中、太平洋方面に派遣されたアメリカ陸海軍の将校向けの教育プログラム作成に関与するとともに、『汝の敵、日本を知れ』といった啓蒙用反日パンフレットを、軍や政府に大量に供給したからである。

特にIPRが製作に協力したフランク・キャプラ監督の宣伝映画『汝の敵、日本を知れ』は、日本が世界征服を目論《もくろ》んでいたとする田中メモランダムや「国家神道による洗脳」、「南京大虐殺」などが毒々しく紹介され、神道指令や東京裁判における「南京大虐殺」追及へとつながることになった。

ちなみにこの反日宣伝映画の製作や、米軍将校教育プログラムをＩＰＲに委託するよう指示したのは、ジョージ・マーシャル陸軍参謀総長だった。

アメリカ共産党の暗躍を見抜いていた若杉《わかすぎ》総領事

このように「反ファシズム」「デモクラシー擁護」という大義名分に惑わされて、スティムソン元国務長官や、ホーンベック国務省極東部長ら政府関係者や、アメリカ陸軍までがアメリカ共産党の工作に巻き込まれていった。

それほどアメリカ共産党の工作が巧妙だったわけだが、当時のアメリカでは、コミンテルン・ソ連に対する警戒心が薄かったという問題もある。

何しろアメリカ政府、具体的にＦＢＩが、アメリカ共産党をマークするのは一九三九年の後半になってからのことであった。

米ソの外交関係が確立したのは一九三三年十一月だが、このとき、アメリカは文官の情報機関を持っていなかったし、アメリカ軍の情報機関は小さいうえに混乱していた。モスクワの最初のアメリカ大使ウィリアム・C・バリットは、一九三六年に国務省にこう書き送っている。「われわれはソヴィエトにスパイを送ってはならない。共産主義者との関係においては、真っ正直ということぐらい穏当で有効な即効的武器はない」。そのような正直さは驚くほど長きにわたってつづいた。バリットの最初からのスタッフの一人だったジョージ・ケナンはのちに、一九三三年から三四年にかけての就任当初の冬、大使館には暗号も金庫もクーリエも、そしてほとんど保安施設もなかったと回想している。「わが国政府との連絡は通常の電報局を通じて行われ、ソヴィエト政府の閲読の対象となった」。（クリストファー・アンドルー、オレク・ゴルジエフスキー著、福島正光訳『KGBの内幕〈上〉』文藝春秋）

一方、日本外務省はと言えば、アメリカでの反日活動の背後にアメリカ共産党・コミンテルンの暗躍があることを、正確に分析していた。

若杉要《わかすぎかなめ》ニューヨーク総領事は一九三八年七月二十日、宇垣一成《うがきかずしげ》外務大臣に対して、『当地方ニ於ケル支那側宣伝ニ関スル件』と題する機密報告書を提出し、アメリカの反日宣伝の実態について、次のように分析している（原文は、旧字旧カナ、カタカナ表記。著者が要旨を摘出)。

一、シナ事変以来、アメリカの新聞社は「日本の侵略からデモクラシーを擁護すべく苦闘している中国」という構図で、中国の被害状況をセンセーショナルに報道している。

二、ルーズヴェルト民主党政権と議会は、世論に極めて敏感なので、このような反日報道に影響を受けた世論によって、どうしても反日的になりがちだ。

三、アメリカで最も受けがいいのは、キリスト教徒の蔣介石と宋美齢夫人だ。彼らは「デモクラシーとキリスト教の擁護者だ」とアメリカの一般国民から思われているため、その言動は常に注目を集めている。

四、一方、日本は日独防共協定を結んでいるため、ナチスと同様のファシズム独裁国家だと見做されている。

五、このような状況下で、中国擁護の宣伝組織は、大別して中国政府系とアメリカ共産党系、そして宗教・人道団体系の三種類あるが、共産党系が掲げる「反ファシズム、デモクラシー擁護」が、各種団体の指導原理となってしまっている。

六、共産党系は表向き「デモクラシー擁護」を叫んで反ファシズム諸勢力の結集に努めており、その反日工作は侮りがたいほどの成功を収めている。
七、共産党の真の狙いは、デモクラシー擁護などではなく、日米関係を悪化させてシナ事変を長期化させ、結果的に日本がソ連に対して軍事的圧力を加えることができないようにすることだ。

若杉総領事はこういう趣旨のことを述べて、近衛《このえ》内閣に対して、「ルーズヴェルト政権の反日政策の背後にはアメリカ共産党がいる」ことを強調し、共産党による日米分断策動に乗らないよう訴えたのだ。

ルーズヴェルト政権はその後、反日世論の盛り上がりを受けて一九三九年七月二十六日、日米通商条約の廃棄を通告。クズ鉄、鉄鋼、石油など重要物資の供給をアメリカに依存していた日本経済は、致命的な打撃を受ける危機に瀕することとなった。一方、蔣介石政権に対しては一九四〇年三月、二〇〇〇万ドルの軍事援助を表明、反日親中政策を鮮明にしつつあった。

日本国内にアメリカに対する反発の世論が沸き上がりつつある中で、若杉総領事は一九四〇年七月二十五日、三日前に発足したばかりの第二次近衛内閣の松岡洋右《まつおかようすけ》外相に対して

「米国内ノ反日援支運動」という報告書を提出し、次のように訴えた（著者が要旨を摘出）。

一、アメリカにおける反日・中国支援運動は、大統領や議会に対して強力なロビー活動を展開し効果を挙げているだけでなく、新聞雑誌やラジオ、そして中国支援集会の開催などによって一般民衆に反日感情を鼓吹している。

二、この反日運動の大部分は、アメリカ共産党、ひいてはコミンテルンが唆《そそのか》したものだ。

三、その目的は、中国救済を名目にしてアメリカ民衆を反日戦線に巻き込み、極東における日本の行動を牽制することによって、スターリンによるアジア共産化の陰謀を助成することだ。

四、中国救済を名目にして各界に入り込もうとする、いわばアメリカ共産党・コミンテルンによる「トロイの木馬」作戦の成功例が「日本の中国侵略に加担しないアメリカ委員会」だ。共産党関係者を表に出さず、ヘレン・ケラーといった社会的信用があるリベラル派有識者を前面に出すことで、政界、宗教界、新聞界をはじめ、一般知識人階級に対してかなり浸透している。

五、共産党のこのような作戦に気づいて苦々しく思っているアメリカの知識人もいるが、一般民衆の反日感情のため、反日親中運動に対する批判の声を出しにくくなっている。

つまり、ルーズヴェルト政権の反日政策に反発して近衛内閣が反米政策をとることは、結果的にスターリンによるアジア共産化に加担することになるから注意すべきだと若杉総領事は訴えたわけだ。が、その声に、近衛内閣は耳を傾けなかった。

若杉総領事の報告書が届いた翌日、近衛内閣は、ゾルゲ・グループの尾崎秀実《おざきほつみ》ら昭和研究会の影響を受けて、アジアから英米勢力排除を目指す「大東亜新秩序建設」を国是とする「基本国策要綱」を閣議決定し、翌一九四一年四月十三日には日ソ中立条約を締結するなど親ソ反米政策を推進していった。

対抗してアメリカのルーズヴェルト政権も、コミンテルン・アメリカ共産党が「内部穿孔工作」によって煽った反日世論を背景に、対日圧迫外交を強化していく。

ルーズヴェルト大統領は一九四一年三月、ラフリン・カリー大統領補佐官を蔣介石政権に派遣し、本格的な対中軍事援助について協議している。

翌四月、カリー補佐官は、蔣介石政権と連携して日本本土を約五〇〇機の戦闘機や爆撃機で空爆する計画を立案。このＪＢ３５５と呼ばれる日本空爆計画に、ルーズヴェルト大統領は七月二十三日、承認のサインをした。日本が真珠湾攻撃をする四カ月以上も前に、ルーズヴェルト大統領は日本爆撃を指示していたわけである。

エドワード・ミラー著『日本経済を殲滅せよ』（新潮社）によれば、七月二十六日、財務省通貨調査局長のハリー・デクスター・ホワイトの提案で在米日本資産は凍結され、日本は実質的に「破産」に追い込まれた。それだけではない。ホワイトは財務省官僚でありながら十一月、日米交渉に際して事実上の対日最後通告となった「ハル・ノート」原案を作成し、東條内閣を対米戦争へと追い込んだことは、前にも触れたとおりである。

ヴェノナ文書によれば、これら反日政策を推進したカリー大統領補佐官も、ホワイト財務省通貨調査局長も、ソ連のスパイであった。

かくして一九四一年十二月、日米戦争が勃発した。真珠湾攻撃のすぐ後の十二月九日、中国共産党は日米戦争の勃発によって「太平洋反日統一戦線が完成した」との声明を出している。アメリカを使って日本を叩き潰すという一九二〇年のソ連・コミンテルンの戦略は、二一年後に現実のものとなったわけだ。

日本は確かにアメリカと戦った。

では、アメリカの誰と戦ったのか。

当時のアメリカ世論は、日本との戦争など望んでいなかった。

にもかかわらず、日本を戦争に追い込んだのは、ルーズヴェルト民主党政権であるが、このルーズヴェルト民主党政権を反日親中へと裏から操ったコミンテルン・アメリカ共産党こそ、真の敵ではなかったのか。

「ヴェノナ文書」の公開は、日米戦争に対する抜本的な見直しを、我々に迫ってきているのだ。

占領政策、新憲法の背後でも暗躍したスパイ

コミンテルン・アメリカ共産党の影響は、戦後の占領政策にも色濃く残った。

前述したように、若手の日本研究者であるハーバート・ノーマンが、一九四〇年にＩＰＲから『日本における近代国家の成立』という報告書を出した。

その結果、ルーズヴェルト大統領は、このノーマン理論、つまりコミンテルン戦略に基づいて、対日圧迫外交の正当性を訴えることになる。

真珠湾攻撃後、ノーマンの主張はさらに過激になっていく。

一九四三年にＩＰＲから発行された『日本における兵士と農民』の中でノーマンは、明治以降の日本政府が、日本人民を弾圧する残虐な軍国主義国家であったかのように描き、次のように主張した。

　過去半世紀間、日本の軍事機構は日本人民の肩や精神に大きな苦痛を負わせて来たが、その隣邦諸国民への脅威は更に怖るべきものであった。今やその唯一の解決策が日本の軍事機構の決定的・全面的敗北以外にない段階に達した。かかる敗北によって初めてアジアは、日本侵略の不断の悪夢から最後的に解き放たれるであろう。この偉大な解放の所業は同時に、日本人自身の背から大きな重荷を取り去るだろう。

（Ｅ・Ｈ・ノーマン『日本における兵士と農民』白日書房）

戦争に勝利するだけでは不足だ。日本の国家体制を容赦なく解体し、アジアの人々や日本人民を解放する責務がアメリカにはある――このようなノーマン理論が、ＧＨＱの日本弱体化政策の理論的根拠となったのである。

アジアの人々を搾取してきた欧米の責任を不問に付して、日本だけを非難したノーマンの著書は、GHQ幹部たちによって愛読されただけではない。

GHQのD・マッカーサー司令官は、当時カナダの外交官だったノーマンをGHQ対敵諜報部調査分析課長として招聘《しょうへい》し、「日本軍国主義の根絶」のために、東京裁判の被告人の選定や、政治犯の釈放と天皇批判の自由を保証する人権指令の策定などを任せたのである。「民主主義になるということは、天皇を批判してよいのだ。天皇の戦争責任を言ってよいのだ」という指令を人権指令として出した。これを書いたのもノーマンだ。

このノーマン理論に基づく占領改革によって、日本共産党の野坂参三《のさかさんぞう》らは「デモクラシー勢力」と見做され、産業界と教育界において共産主義勢力の台頭をもたらし、占領下の日本は、革命前夜の様相を示すようになった。

皇室の地位をめぐるビッソンと白洲次郎《しらすじろう》の攻防

同じくヴェノナ文書によって、ソ連のスパイであったことが判明しているビッソンも、GHQの民政局のメンバーとして憲法制定に関与している。

民政局のメンバーとなったビッソンは、財閥解体と皇室解体に着手する。よく知られた事実だが、日本国憲法は、もともとは英語で書かれていた。GHQが作った英語の憲法草案を白洲次郎《しらすじろう》たちが日本語訳し、帝国議会にかけて憲法改正を実施した。このとき、白洲次郎たちは、英文の日本国憲法をできるだけ日本側に都合のよいように日本語訳しようとした。そうやって日本の立場、国体を守ろうとした。

たとえば、皇室の条項について当初日本側が作成した邦訳は「すべての皇室財産は、世襲の遺産を除き、国に属する」というものであった。

ところが、この日本語訳をチェックして「この日本語訳はおかしい」と指摘したのが、「ニューディーラー」と呼ばれたビッソンたちだ。そして彼らはGHQの幹部たちに働きかけて、「世襲の遺産を除き」という言葉を削除させた。

その結果、これまで受け継いだ世襲の皇室財産も没収され、皇室財政は逼迫《ひっぱく》していく。この皇室の財政難のため、十一宮家は臣籍降下を余儀なくされた。「直宮だけでも残していくしかない」とお考えになった昭和天皇は、十一宮家には「申し訳ないけれども」と、臣籍降下をご決断された。現行憲法の中で「世襲の遺産を除き」という言葉が残っていれば、莫大な皇室財産があったわけだから、経済的に十一宮家を維持することは可能だったのだ。

当時、マッカーサーは「十一宮家を臣籍降下しろ」という命令は出していない。しかし、マッカーサーのもとにいたビッソンやノーマンたちが、宮家を減らすことが皇室を潰すためには必要だと考え、皇室から財産を奪い、十一宮家の臣籍降下を無理強いしたという経緯なのだ。それが現在の男系男子の皇族減少の最大の原因なのだ。

もう一つ、日本側が作成した日本国憲法の日本語訳は当初「この憲法は、この憲法に基づき発効した法律及び条約とともに、国の最高の法規及び規則の一群である。これに反する法律・命令・詔勅及び国務に関するその他の行為の全部またはその一群は、その効力を有しない」というものであった。

これは、日本国憲法と日本国憲法が発効し、施行するまでの昭和二十一年十一月三日から二十二年五月三日までに成立した法律は、憲法と同等の存在である、ということを意味していた。

どういうことかと言えば、日本国憲法が発効した直後に、皇室典範を改訂してしまうことにより、皇室典範も日本国憲法同様に「最高法規」であると解釈できるようにしようとしたのだ。

戦前は、大日本帝国憲法と皇室典範が並立していた。これは「典憲体制」と呼ばれており、憲法と皇室典範を並立させ、皇室典範の改正に国会が関与できなくすることで、政治家の権力闘争に皇室が利用されないようにしていたのだ。白洲次郎たちもそういう仕組みを維持しようと考えていた。

ところが、ビッソンたちは日本側の考えに気付き、現行憲法の第九十八条を「この憲法は、国の最高法規であって、その条規に反する法律、命令、詔勅及び国務に関するその他の行為の全部又は一部は、その効力を有しない」と、日本語訳を変えてしまった。

皇室典範は憲法の下位にあり、憲法の男女平等規定に基づいて皇室典範を改正することは可能であるとしてしまったのだ。その結果、今日の「女系天皇」や「女性宮家」は可能だという解釈が生まれ、政治家が皇室制度について関与できるようになってしまっている。

ということは、共産主義者が政府なり、国会で一定の数を確保できれば、合法的に皇室制度を改悪、もしくは解体することができるようになってしまっているのだ。そうやって共産主義者たちが合法的に皇室を解体できるようにしておこうというのが、ノーマンやビッソンの考えていたことであった。

六十数年前にアメリカ共産党やソ連のスパイたちがＧＨＱのメンバーとして入り込んで

いった占領政策がいま、時限爆弾のように効いてきているのだ。

第七章　変わりつつあるアメリカの歴史観

——現職大統領によるヤルタ協定否定の意義とは

日米戦争を仕掛けたハリー・ホワイト

一九九五年の「ヴェノナ文書」の公開によってルーズヴェルトの対日圧迫外交の背後に、アルジャー・ヒスや、「ハル・ノート」の原案作成者ハリー・D・ホワイトら、ソ連のスパイたちの暗躍があったことが明らかになり、アメリカの保守派は、ルーズヴェルト批判を強めていく。

その代表者が、保守派を代表する評論家のアン・コールター女史だ。

彼女はヴェノナ文書を引用しながら二〇〇三年、『トリーズン（反逆行為）』（邦訳『リベラルたちの背信――アメリカを誤らせた民主党の60年』草思社）を書いた。

この中で、第二次世界大戦を勝利に導いた英雄とされてきた民主党のルーズヴェルト大統領と、その後継のトルーマン大統領がいかにアメリカの国益を損《そこ》ない、東欧とアジアの共産化の手助けをしたのかを、こう批判している。

フランクリン・デラノ・ローズヴェルト大統領（一九三三―四五）――就任して最初の外交活動が、ソヴィエト連邦の正式承認であった。史上まれに見る大量虐殺者のヨシフ（ジョセフ）・スターリンとは昵懇《じっこん》にしていて、彼を「アンクル・ジョー」と呼んだ。スターリンのスパイだったアルジャー・ヒスを傍らにはべらせ、ヤルタ会談で東ヨーロッパを売りわたしたのみか、国連総会での三票と、国連ナンバー2の高官を指名する権利までもスターリンに約束した。そしてポーランド東部、モルドヴァ、リトアニア、ラトヴィア、エストニア、アルバニアをみすみすソ連に奪われてしまった。「アンクル・ジョー」は、千二百万から二千万人を殺害し、少なくとも一千万人を強制労働に服させたといわれている。

ハリー・トルーマン大統領（一九四五—五三）——この時期、世界最大の人口をかかえる中国が失われた。共産中国はチベットを占領し、その後四十年にわたって三千四百万人から六千四百万人の中国人と、百万人のチベット人を殺害したとされている。

保守派による「ルーズヴェルト民主党外交正当史観 Rooseveltian historical line」批判の高まりの中で、ジョージ・ブッシュ大統領（子）も二〇〇四年五月十三日、アメリカ保守同盟四十周年大会の記念講演で、アルジャー・ヒスをソ連のスパイだと告発したホイッタカー・チェンバースを「アメリカの保守主義のリーダー」として高く評価した。

このような動きを受けて、アメリカでは二〇〇五年頃より、「ヴェノナ文書」などを引用してソ連や中国共産党を支持していたルーズヴェルト政権の政府高官や知識人たちを告発するサイトが急増している。

たとえば、保守系サイトのコンサバペディア（conservapedia.com）では、《Lawyer（法律家）》というカバーネームを持つソ連のスパイであることが判明したハリー・デクスター・ホワイトについて、次のように紹介している。

ハリー・デクスター・ホワイト（一八九二年十月九日〜一九四八年八月十六日）はアメリカの経済専門家で米財務省高官であった。IMF（国際通貨基金）の初代専務理事として、世界銀行の設立に重要な役割を果たした。彼はまたソ連の秘密諜報員でもあった（中略）つまりソ連が米政府内に抱える最も高位の情報提供者であった。

ホワイトは米国の国益以上にソ連の国益に有利な計らいをすべく、米国の政策を妨害することに成功していた。（中略）

一九四一年五月、米国とカナダで働くKGBの軍事担当補佐官ヴィタリー・パブロフとホワイトは昼食を共にした。「雪作戦」の目的は、日米関係を悪化させるソ連の試みを含む一連の政策イニシアチブをホワイトに与えることだった。

ソ連の意図は、ホワイトを通じて、日本に関するワシントンの外交政策の中に、日米関係を悪化させる政策を入れ込むことであった。

その目標は、日本の戦争関係者をして「主敵はロシアではなくアメリカだ」と看做《みな》すよう、けしかけることだった。

パブロフは、ホワイトが主要なアメリカ政策立案者の間で推進するテーマの概要を手渡したが、その中には、「中国からの日本軍の撤退」といった妥協を許さないレトリックでくるんだ強い要求があった。ホワイトはそれに基づき役割を果たした。

ルーズヴェルトは、ホワイトの対日経済制裁の提案を受け入れた。

一九四一年七月二十六日、ルーズヴェルトは、事実上、両国間の通商を終了することになる全面的な経済封鎖を実施し、アメリカ国内のすべての日本の金融資産を凍結した。石油備蓄は二年で使い果たし、アルミニウムは七カ月しかもたないという状況に日本は気付いた。

海軍のトップは、「万一、日本が戦争という最終手段に訴えたとしても、勝つことは非常に疑わしいだろう」と天皇にきっぱり言った。秋にアメリカと交渉する決定がなされた。

日本の内閣はワシントンで合意に達するよう必死に模索した。日本はソ連・シベリアに対するすべての計画を放棄し、日本が必要とする資源のため、代わりに南方に期待を寄せた。

ホワイトの関与と影響力により、アメリカは、ホワイト・ハウスの国益よりクレムリンの利益を優先した外交政策を設定したのである。

（渡邉稔訳）


このようにアメリカの保守派の間では、従来の東京裁判史観とは違って、「日米戦争を引き起こしたのは、ルーズヴェルト政権内部にいたソ連のスパイたちではなかったのか」という視点が浮上してきているのだ。

繰り返しになるが、誤解のないように付言しておくと、彼らはあくまで「日米戦争の背後に、ルーズヴェルト民主党政権内部に入り込んだソ連のスパイたちの暗躍があった」と指摘しているだけであって、「日本が正しい」と言っているわけではない。

よってアメリカの保守派の多くは、「真珠湾攻撃は許せない」と思っているし、「原爆投下は、日本の降伏を早めたので、多くのアメリカ兵の命を救った」と考えている。

また、「南京大虐殺」や「従軍慰安婦」などについても、韓国や中国共産党の一方的な情報ばかりを聞かされているので、「日本が悪い」と思っている。

しかし同時に、「ヴェノナ文書」などを通じて、「日米戦争の背後に、ルーズヴェルト民主党政権内部に入り込んだソ連のスパイたちの暗躍があった」のであり、「悪いのは、ルーズヴェルト民主党政権とソ連だ」とも考えるようになっているのだ。

現職大統領が認めたヤルタ密約の過ち

この「第二次」近現代史見直しの盛り上がりの中で、共和党のジョージ・ブッシュ大統領（子）は二〇〇五年五月七日、ラトビアの首都リガで演説し、一九四五年二月のヤルタ会談での米英ソ三カ国合意について、「安定のため小国の自由を犠牲にした試みは反対に欧州を分断し不安定化をもたらす結果を招いた」、「史上最大の過ちの一つ」だと強く非難した。

ヤルタ会談をアメリカの大統領が批判した。これは、国際的には大事件なのだ。

ヤルタ会談というのは、一九四五年二月、アメリカのルーズヴェルト大統領、イギリスのチャーチル首相、ソ連のスターリン元帥という米英ソ三カ国首脳が、ソ連領の黒海に面したヤルタで行なった会談のことだ。

このヤルタ会談において、国連創設も含め、第二次世界大戦後から現在に至る国際秩序の基本的な枠組みが決定されたのだ。

では、戦後の国際秩序の基本的な枠組みとはどういうものか。ヤルタ会談では、次のような基本原則が確認された。

①国際連合を新設し、戦勝国（米英仏ソ中）主導で国際秩序を維持する。
②敗戦国の日本とドイツに対しては「侵略国家」として戦争責任を追及するとともに、軍事力を剝奪し徹底的に封じ込める。

アメリカ主導のGHQが、敗戦後の日本に対して憲法九条を強制したのも、東京裁判を実施して「侵略国家」というレッテルを貼ったのも、ヤルタ会談で確認された、この基本原則に基づいている。

このヤルタ会談ではまた、国際連合構想にソ連が同意する見返りとしてポーランドやバルト三国などをソ連の勢力圏と認めることや、ソ連の対日参戦と引き換えに、満州の権益や南樺太、そしてわが国固有の領土である北方領土を与える「密約」が、当事国の同意を得ることなく一方的に結ばれた。北方領土返還をめぐって日本とロシアは、いまだに協議を続けているが、この北方領土問題もまた、ヤルタ会談が原因なのだ。

第二次世界大戦後、東欧諸国がソ連の支配下で苦しんだのも、日本の降伏後、ソ連による満州占領、中国での国共内戦の激化と中国共産党政府の樹立、朝鮮半島の分割、ソ連による北方領土の占領など極東で連鎖的に起きた危機も、すべてヤルタの密約に原因をたどることができる。

このため、世界の政治学者たちから「ヤルタ体制」と呼ばれるようになった戦後の国際秩序の出発点を、こともあろうに当事国であったアメリカのブッシュ大統領が、正面から批判したのである。

ブッシュ大統領自身は、戦後の国際秩序の基本原則をひっくり返そうとしたわけではなかった。当時、「新世界秩序構想」と称してアメリカ主導の国際秩序を構築しようとしており、ソ連の影響下にあった東欧諸国やバルト三国をアメリカの仲間に引き入れるために、リップサービスをしたに過ぎなかったようだ。

しかし、現職の大統領が、政党が異なる（ブッシュ大統領は共和党であり、ヤルタ会談で東欧をソ連に売り渡したのは、民主党のルーズヴェルト大統領）とはいえ、自国の大統領が行なった外交政策を公式に非難するのは極めて異例で、国際社会でも少なからぬ反響を巻き起こした。

ロシアと中国からの反論

ロシアのプーチン大統領は、二〇〇五年五月七日付の仏紙フィガロにおいて、ヤルタ協定について「米英ソの三首脳がナチズム復活を阻止し、世界を破局から防ぐ国際体制を目指して合意した。その目的に沿って国連も結成された」と評価し、ブッシュ大統領に対して正面から反論した。

それはそうだ。ヤルタ会談で確認された基本原則が否定されるとなれば、ロシアによる北方領土の占拠も、否定されてしまうことになる。「ヤルタ協定」によって「択捉島《えとろふ》、国後島《くなしり》、色丹島《しこたん》及び歯舞群島《はぼまい》を含むクリル諸島のソ連邦への引き渡しの法的確認が得られた」との立場をとっているロシアにしてみれば、ブッシュ大統領の発言を放置しておくわけにはいかなかった。

ちなみにヤルタ協定に関する日本の立場は、次のようなものだ。

「ヤルタ協定」は、当時の連合国の首脳者の間で戦後の処理方針を述べたものであり、関係連合国の間で領土問題の最終的処理につき決定したものではない。また、我が国は、御指摘の「ヤルタ協定」には参加しておらず、いかなる意味においてもこれに拘束されることはない。

米国政府は、御指摘の「ヤルタ協定」について、単にその当事国の当時の首脳者が共通の目標を陳述した文書に過ぎないものであり、その当事国による何らの最終的決定をなすものでなく、また、領土移転のいかなる法律的効果を持つものでないという見解を表明している。（平成十八年二月八日提出　質問第五八号　ヤルタ協定に関する質問主意書に対する政府答弁）

日本が協議に入っていない「ヤルタ協定に拘束される謂《い》われはない」というのが日本政府の公式見解だ。

一方、中国共産党政府も、ブッシュ大統領の「ヤルタ協定」批判に神経を尖《とが》らせていた。当時は、小泉純一郎《こいずみじゅんいちろう》政権のときだ。

小泉政権は、ブッシュ政権と連携して、これまでの対中屈従外交と決別し、日本の国際的地位を高めようと動いていた。中国共産党が懸命に反対していた靖国神社への参拝も、継続していた。

中国で反日世論が高まり、日本の国連常任理事国入りに反対して、北京や上海で大規模な反日デモが実施された直後の二〇〇四年四月二十八日、上海社会科学院日本研究センターが開催したフォーラムで、同センターの王少普《おうしようしん》研究員は、「日本がヤルタ協定の制限を突破して『正常な国家』になりたがり、アメリカも日本を『東アジアのイギリス』になるよう後押ししているため、中国国民から強い反発を招くのは当然の事である」という趣旨のことを述べている。

中国共産党は、国連常任理事国入りや憲法九条の改正、東京裁判史観の見直しなどによって「正常な国家」に日本がなることは、戦後秩序の原則たる「ヤルタ協定」の趣旨に反することである。にもかかわらず、ブッシュ政権が小泉政権を支援しているため、日中両国は構造的に対立せざるを得ない状況に置かれている——と分析したわけだ。中国共産党が主張する「日中友好」とは、日本「正常化」に反対することなのだ。

中国共産党の台頭を招いたのもヤルタ密約だった

当のアメリカでは、ブッシュ大統領の「ヤルタ批判」がどのように受け止められていたのか。

アメリカの内情に詳しい人は知っているが、アメリカのマスコミは、日本以上に左派のリベラル勢力に牛耳られていて、保守派の意見は、ほとんど報じられることがない。日本で言えば、「朝日新聞」と「赤旗」しかないような状況なのだ。

テレビ局も、フォックス・テレビが、かろうじて保守派の意見を報じるぐらいだ。その偏向ぶりは、日本のテレビ局にも負けず劣らずで、私の知人のアメリカのある保守派は、世界的に番組を放映しているCNNのことをCommunist Network News（共産主義者ネットワーク・テレビニュース）と呼んでいるほどだ。

日本もアメリカも、マスコミは左派リベラルに牛耳られ、保守派の意見がほとんど報じられることがない。が、インターネットの発展によって、マスコミが報じない保守派の意見を知ることができるようになった。

外交安全保障であれば、ヘリテージ財団、ランド研究所、CSIS（戦略国際問題研究所）といった民間シンクタンクが優れた論文をインターネット上に随時掲載しており、アメリカ内部での議論がどのようなものなのか、日本のマスコミによる偏向に惑わされずに知ることができる。

外交・安全保障の専門家ではないものの、保守系の言論人の意見を読みたければ、アメリカ最大の保守系オピニオン・サイト「タウン・ホール」などがお薦《すす》めだ。

この「タウン・ホール」において、「草の根保守」のリーダー、フィリス・シュラフリー女史が二〇〇五年五月十六日付で「ブッシュ大統領、ヤルタの屈辱を晴らす」と題して次のような論説を書いている。

現在のアメリカの保守派がどのような歴史観を持っているのかを理解してもらうために紹介しよう。


ジョージ・W・ブッシュ大統領、ありがとう。時期がだいぶ遅れたとはいえ、誤った歴史を見直して、フランクリン・D・ルーズヴェルト大統領の悲劇的な間違いのひとつを指摘し、よくぞ謝罪の意を表明してくれました（Thank you, President George W. Bush, for correcting history and making a long overdue apology for one of President Franklin D. Roosevelt's tragic mistakes)。

去る五月七日、ラトビアにおいて演説したブッシュ大統領は、大国同士の談合によって、多くの小国の自由を売り飛ばしたヤルタ協定は誤りだったと言明しました。ブッシュ大統領は「中央ヨーロッパと東ヨーロッパの数百万人を囚われの身」に貶《おとし》めたヤルタ協定を的確に非難し、「歴史上、最も大きな誤りのうちの一つとして記憶されるであろう」と述べました。

この発言がなされるまで五〇年の歳月が経過しましたが、ブッシュの発言は、「ヤルタ協定の負の遺産が最終的に今後永遠に葬り去られた」ことを確認したことになります。

（拙著『コミンテルンとルーズヴェルトの時限爆弾』展転社）

このヤルタ密約によって、ルーズヴェルトは、数百万人もの人々をソ連・共産主義に引き渡す約束をした。にもかかわらず、アメリカの連邦議会にはそのような「悲劇的な」密約を交わしたことが全く報告されず、しかも、その内容が発覚したのは、密約を結んでから実に一〇年も後だったとして、こう批判している。

黒海にある不潔な港であるヤルタにおいて一九四五年二月、わがアメリカの瀕死の大統領は、ウィンストン・チャーチル、ヨシフ・スターリンと密約を結びましたが、その密約は、何百万もの人々を、後にチャーチルが「鉄のカーテン」と呼ばれる共産主義の抑圧のもとに引き渡すものでした。しかもこの密約は、外国との条約を審議すべきアメリカの上院には提出されず、ヤルタで合意されたことは一〇年もの間、公開もされませんでした。（同前）

シュラフリー女史はさらに、この密約によって、アメリカ人は現在、中国の共産主義帝国の台頭と北朝鮮の核開発に苦しまなければならなくなったとして、次のように訴えている。

ルーズヴェルトの擁護者は、スターリンを日本との戦いに引き込むためにはこれらの譲歩が必要だった、と正当化しようとしました。ヤルタ文書は、その主張が間違っていたということを証明しています。

たとえば、ヤルタ会談の三カ月半前、アバレル・ハリマン駐ソ大使は、ルーズヴェルトに対して「太平洋戦争に単に参加するだけではなく、全面的に対日戦争に参戦するという完全な同意をスターリンから得ている」ことを伝えています。

ロシアは太平洋戦争に必要ありませんでした。そして、ロシアの参戦は、中国と北朝鮮における共産主義帝国構築への道を開くことになったのです。ソ連の参戦は、一九五〇年代の朝鮮戦争と、今日の北朝鮮共産主義の独裁者の息子による核兵器の恫喝を招いたのです。（同前）

ヤルタ密約の背後にもソ連のスパイ

続いてアジアの共産化と現在のアジアの危機をもたらしたヤルタ密約の背後に、一九四八年、ソ連のスパイであるとして告発されたアルジャー・ヒス（第一回国連総会米国代表団首席顧問）の暗躍があったことを、次のように指摘している。

ヤルタ会談のニュース写真は、共産主義スパイだったアルジャー・ヒスの存在を浮かび上がらせます。エドワード・ステティニアス国務長官への首席顧問として、ヒスはほとんどすべてのヤルタ会談の会合に出席し、ルーズヴェルトが一番の電話を使い、ステティニアス国務長官が二番の電話を使い、彼は三番の電話を使える位置にいました。

ヒスは、ヤルタ会談の一九日前に、アメリカの立場に関するすべての最高機密ファイルと文書を与えられました。ウィリアム・ノーランド上院議員（カリフォルニア州選出・共和党）は、これではルーズヴェルトは「背中に鏡を置いたままポーカーの試合をする」状況に置かれたようなものだと言っています。

共和党員と、デイビッド・ローレンスやジョン・T・フリンのような誠実な作家たちはヤルタ会談での裏切りを非難しましたが、ルーズヴェルト大統領のシンパであるメディアは、ヤルタ会談の成果を称賛しました。タイム誌はヤルタを「偉業」と呼び、ライフ誌はそれを「成功」と呼びました。そして、ニューヨーク・タイムズ紙はそれを「勝利と平和への道しるべ」と呼びました。

しかし真実は、最終的にうそと隠蔽を覆《くつがえ》します。ヤルタ協定は一九三八年に英独間で結ばれたミュンヘン協定や、ヨーロッパを分断し、数百万人もの人々を囚われの身としたヒトラー・スターリン協定などの「正義に反する先例」を引いている、と非難したことによって、ブッシュ大統領はヤルタ協定に関する歴史的事実の誤りを正したのです。

（同前）

このように「ヤルタ協定」を批判し、近現代史の見直しを行なったブッシュの発言を、シュラフリー女史は手放しで支持している。

このシュラフリー女史の見解がアメリカの中でどの程度支持されているのか。「ヴェノナ文書」の公開との関係はどうなっているのか、アメリカの保守派は現在、日米戦争をどのようにとらえているのか、二〇〇六年(平成十八年)八月下旬、アメリカに渡って、シエラフリー女史にインタビューをした。

「草の根保守」の第一人者との会見

シュラフリー女史は二〇〇六年当時、「家族の価値」擁護を掲げるイーグル・フォーラムという「草の根保守」組織の会長を務めていた。

その本部はシカゴ空港から空路で二時間余り、セントルイスの高級住宅街の一角にあった。通訳によれば、「反フェミニズムのリーダーとしてアメリカでその名前を知らない人がいないほど著名な」シュラフリー女史は、当時八十二歳とは思えないほど若々しかった。アメリカで偉大な大統領と呼ばれるロナルド・レーガン大統領とも親しく、何冊ものベストセラーを出していた。

二〇〇六年八月二十六日に行なったインタヴューでは、シュラフリー女史は、第二次世界大戦後のアメリカの保守派の動向について、次のように説明してくれた。

①「ティーパーティー」とも呼ばれる、アメリカの「草の根保守」が、どの程度の勢力かといえば、「CWA」という「草の根」運動組織の幹部によれば、現在アメリカの「草の根保守」に所属するメンバー(その大半は、「古き良きアメリカ」の復活を願う善良な市民たち)は全有権者の一割、約一一〇〇万人に及び、シュラフリー女史はそのリーダーとしていまなお大きな影響力を発揮している。

②アメリカの草の根保守運動は、一九六〇年代に反共産主義に関する勉強会を始めるところから始まった。

ヤルタ協定が明らかになったのは一九五五年三月、ヤルタ会談の議事録がニューヨーク・タイムズ紙に公表されてからであった。当時、反共派のアメリカ人は「ヤルタ会談は本当にひどいもの」であり、「ルーズヴェルト大統領はスターリンに魂を売ってしまった」と思っていた。保守派にとって「ヤルタ」とは侮辱の言葉と同じ意味を持っていた。

③戦争に至るまでのルーズヴェルトの外交政策に関して言えば、その時代の閣僚であったヘンリー・スチムソン（陸軍長官）が「問題は、我々の側に過大な危機を与えないで彼ら（日本）を最初の一撃の火付け役にするには、我々はいかなる策略を使うべきか、であった」（一九四一年十一月二十五日付スチムソン日記）と述べているように、ルーズヴェルトとしては、ヨーロッパで勃発していた戦争に、できるだけ早くアメリカ軍を送りたかった。

ルーズヴェルトは、ヨーロッパへの参戦を正当化しようとしていた人であり、真珠湾攻撃は、参戦を国民に納得させるための切り札であった。きちんと情報を得ているアメリカの保守主義者は、ルーズヴェルトが工作によって日本に真珠湾攻撃を促したという事実を理解している。

④ルーズヴェルト政権内部にソ連のスパイが浸透していたことを暴露した「ヴェノナ文書」について解説したハーヴェイ・クレア他著『ヴェノナ』は、共産主義者がどんな工作をしていたかということを暴露するうえで、偉大な本だ。

一九五〇年代にレッド・パージ（赤狩り）があり、ジョゼフ・マッカーシー上院議員が先頭になって、アメリカ政府内のソ連のスパイを摘発する反共産主義活動が行なわれたが、それなりの根拠があったのだということを裏づける意味では、非常に有用だ。現在、マッカーシーの業績を再評価する本も出ている。

⑤評論家のアン・コールター女史がヴェノナ文書などを参考に、『トリーズン（反逆行為）』（邦訳は174ページ参照）という本を書き、ルーズヴェルト政権当時の共産主義者たちの活動についてかなり正確に告発しているが、リベラル色が強いアカデミズムの世界では、アン・コールター女史の業績は否定されている。

まさか真珠湾攻撃をめぐる「ルーズヴェルト謀略説」を「草の根保守」グループが支持しているとは思わなかった。

しかも、「ヴェノナ文書」の公開に伴い、そのスパイ活動を追及したマッカーシー上院議員の再評価が進んでいる、という。

やはり「ヴェノナ文書」が、アメリカの保守派の間で歴史の見直しをもたらしていたのだ。

フーヴァー回想録の衝撃

アメリカの保守派の間での「近現代史見直し」はその後も続いている。日本でも翻訳本が話題となっているが、二〇一一年十一月には、共和党のハーバート・フーヴァー大統領の回想録『Freedom Betrayed（裏切られた自由）』（ジョージ・ナッシュ氏編集）が発刊された。

この回想録の中で、ルーズヴェルト大統領の戦争責任を、次のような論点で追及している。

①ルーズヴェルトの最大の過ちは、一九四一年七月、スターリンと隠然たる同盟関係となったその一カ月後に、日本に対して全面的な経済制裁を行なったことである。ルーズヴェルトは、自分の腹心の部下からも再三にわたって、そんな挑発をすれば、遅かれ早かれ、日本が報復のための戦争を引き起こすことになる、と警告を受けていた。

②日米平和交渉で、近衛首相が提案した条件は、満州の返還を除く、すべてのアメリカの目的を達成するものであった。しかも、満州の返還ですら、交渉して議論する余地を残していた。皮肉なものの見方をするならば、ルーズヴェルト大統領は満州という重要では

ない問題をきっかけにして、もっと大きな戦争を引き起こしたいと思い、しかも満州をソ連に与えようとしたのではないか。

③共産主義は、アメリカの国境の内側では活動しないという、狡猾な合意が約束されたが、守られることはなく、四八時間あとには反故《ほご》にされた。共産主義の機関車と、それに乗った共産主義の乗客が、政府と高いレベルに入り込み、第五列の活動が全国に広がり、ルーズヴェルトが大統領であった一二年間の長きにわたって、国家反逆者の行為が続くことになった。

この回想録を編集したジョージ・ナッシュ氏は、アメリカの保守主義運動の中心メンバーであり、フーヴァー大統領の研究に関する権威だ。ナッシュ氏は一九八三年から保守系月刊誌「ナショナル・レビュー」誌などに、フーヴァー大統領の回想録を書き始めており、本書はいわば、その集大成といえる。

そして、このフーヴァー回想録の発刊と、歴史研究における保守派の復権は、明らかに連動している。というのもアメリカは戦時中から、ルーズヴェルト民主党政権のもとでリベラル派に牛耳られてしまっており、戦後長らく、アメリカの保守派は肩身の狭い思いをしてきた。

しかも前述したように、アメリカのアカデミズムの世界では、これまで「共和党のフーヴァー大統領は大恐慌への対応を失敗した無能なリーダーだ」という評価が一般的であった。その意味で、本書が発刊されたということは、ようやくルーズヴェルト大統領の戦争責任を追及できるようになったと言えよう。

これは、「ヴェノナ文書」が公開され、「ルーズヴェルト政権内部にソ連のスパイが暗躍していた」ことが理解され始めたことと、無縁ではないはずである。

幸いなことに、共産主義とルーズヴェルト民主党政権の戦争責任というテーマは、アメリカの国家プロジェクトとして取り組まれている。具体的には、アメリカ連邦議会が設置したシンクタンク、ウィルソン・センターのホームページで、「ヴェノナ文書」を含むソ連共産主義に関連する資料が公開され、このウィルソン・センターのもとに設置された「冷戦史研究プロジェクト（Cold War International History Project）」のもとで、次々と関連史料が公表されている。

この国家プロジェクトと連動して、アメリカの保守派の中でも第二次近現代史見直しは進んできており、確実にその輪は広がってきている。その中核となっているのが、ヘリテージ財団と連携している「共産主義犠牲者追悼財団（Victims of Communism Memorial Foundation）」だ。

この「共産主義犠牲者追悼財団」は、共産主義の犠牲になった東欧諸国やキューバ、中国共産党政府のもとで迫害されているチベットやウイグル、北朝鮮の実態を調査するとともに、世界に共産主義の害毒を広めたコミンテルンとルーズヴェルト大統領の責任を追及している。

この「財団」の理事長リー・エドワーズ氏とも会ったが、「ルーズヴェルト民主党大統領と共産主義の戦争責任を追及する」という一点で、日米の保守派は共闘できるのだ。

問題は、日米両国のマスコミが、「ヴェノナ文書」の公開を通じて第二次近現代史見直しが起こっている事実を、隠蔽しようとしていることだろう。

それは、アカデミズム、学界も同様だ。「ヴェノナ文書」が公開されて早二〇年。アメリカでは、研究書が何冊も出されているにもかかわらず、日本で邦訳されたのは、中西輝政監修の『ヴェノナ』の一冊だけであることからも明らかだ。

その日米両国の左派リベラルの隠蔽工作の悪影響は極めて深刻だ。

終戦七十年に際して二〇一五年、安倍政権は、近現代史に関する「21世紀構想懇談会」

（座長代理・北岡伸一《きたおかしんいち》国際大学学長）を設置し、報告書を出したが、そこでも、アメリカ政府が公表した「ヴェノナ文書」についても、ソ連・コミンテルンの戦争責任についても全く触れなかった。

それは、安倍政権の責任というよりも、わが国の歴史学者たちの責任であろう。近現代史の専門家も、日米関係の専門家も、「ヴェノナ文書」の存在に触れようともしない。しかし、「ヴェノナ文書」は、国家安全保障局（ＮＳＡ）というアメリカの政府機関が公表した、立派な公文書なのだ。一民間人が探し当てた史料などとは訳が違う。

日米関係に極めて大きな影響を与えたソ連のスパイ活動を立証した「ヴェノナ文書」を無視しながら、「歴史の真実に向き合おう」などと主張する日本の歴史家たちとマスコミの、御都合主義、視野の狭さは何とも救いがたい。

リベラル派の情報操作に惑わされずに、広い視野から、近現代史の真実を見出していきたいものだ。

第八章　いまも続く共産主義勢力の暗躍

——オバマ大統領、謎の言動の秘密

アメリカの破壊を目論む現職大統領

コミンテルン・アメリカ共産党の暗躍は、過去の話なのだろうか。

実は、そうではない。

驚くなかれ、現職のオバマ大統領は、アメリカ共産党の系譜を引き継いでいるという話がある。

二〇一六年七月、「アメリカの民主党がいかに人種差別を行ない、国民の自由を弾圧し、社会主義に染まっているのか」を指摘したドキュメンタリー映画が公開された。タイトルは、Hillary's America: The Secret History Of The Democratic Party（ヒラリーのアメリカ：民主党の秘密の歴史）。

ディネシュ・デスーザ監督は、二〇一二年にも『２０１６——オバマのアメリカ』という映画を公開し、大ヒットを飛ばした。その映画の内容も極めて衝撃的だ。二〇一二年八月二十九日付「ニューズウィーク」は、こう解説する。


この映画を監督したディネシュ・デスーザが訴える「真実」はシンプルだ。オバマはケニア人の父から受け継いだ、反植民地主義的で、反資本主義的で、反キリスト教的な「夢」のために、アメリカを破壊しようと突き進んでいる——。

デスーザはニューヨークのキリスト教の大学キングス・カレッジの学長。オバマ批判で知られる保守派の政治評論家でもある。

彼が監督した九〇分のこの映画は、オバマの知人などのインタビューやデスーザのナレーションで構成されるドキュメンタリー。目的は、オバマの大統領としての行動の裏にある本当の目的を暴くことにある。

この映画は日本ではほとんど話題にならず、古森義久《こもりよしひさ》氏が産経新聞のコラムで触れた程度であった。

その内容は、オバマ氏と同じ年齢で有色人種、同じ米国の名門大学で教育を受けたデスーザ氏が、ケニア人の反植民地主義闘士だった父親や親類との絆、米国の対外政策に反対していた母親の影響、インドネシアのイスラム社会での生活など、オバマ氏の過去をたどっていく。

オバマ氏が青年時代に接触した元共産主義者のフランク・デービス氏、反米パレスチナ支持派のエドワード・サイード氏、都市ゲリラ革命主唱のビル・エアーズ氏らの影響にも光をあてる。

そしてデスーザ氏は「オバマ氏の真のイデオロギー的理念は、米国がアフリカなどの開発途上国から搾取した植民地主義の結果の是正であり、そのために米国の力や富を相対的に減らすことを意図している」という結論を下す。

「大統領就任直後にホワイトハウスにあったイギリスのチャーチル元首相の胸像を排除したことや、米国の一方的な軍備削減、核兵器削減もオバマ氏の真のイデオロギーの例証だ」とも断ずる。

（二〇一二年九月九日付産経新聞【緯度経度】）

デスーザ氏が二〇一二年に出したベストセラー『The Roots of Obama's Rage（オバマの憤怒の根っこ）』（邦訳未刊）は、オバマの隠された過去をこう暴いている。

・オバマ大統領の母親スタンリー・アンは、「同伴者」（Fellow Travelers）と呼ばれるほどの共産党のシンパだった。

・ケニア出身の父親オバマ・シニアは、ソ連・コミンテルン系の反植民地主義の思想の持ち主で、ハワイ大学在学中、「共産主義がいかにアフリカやキューバを解放したのか」を称賛していた。

・両親の勧めもあってハワイ在住の小学校から高校時代、オバマは、アメリカ共産党員のフランク・マーシャル・デービス氏（アメリカ共産党系の新聞「シカゴ・スター」紙編集長）の指導を受けていた。

・オバマ自身も、ロスのオクシデンタル大学時代、熱烈なマルクス主義者だったと言われている。

・一九八一年、コロンビア大学時代、オバマ自身が自伝（邦訳『マイ・ドリーム』ダイヤモンド社）でも認めているように「社会主義者会議」に参加している。

デスーザ氏はこうした点を指摘しながら、「過激な共産主義ムスリムで白人嫌いのオバマがアメリカを乗っ取ろうとしている」（前述の「ニューズウィーク」）と批判したのだ。

「草の根社会主義運動」に邁進する若き日のオバマ大統領

繰り返すが、我々日本人は、驚くほどアメリカの戦後史を知らない。

正確に言えば、日本に伝えられているのは、アメリカの「リベラル」の歴史だけであって、アメリカの「保守主義」の歴史はほとんど伝えられていない。

日本で言えば、日本社会党から民主党の歴史だけが語られ、自民党の歴史はほとんど教えられていないようなものなのだ。

その遠因は、一九二九年の大恐慌において、共和党のフーヴァー大統領が経済政策に失敗したことにある。一〇〇〇万人以上の失業者が溢れ、「もう資本主義ではダメだ」という雰囲気の中で、民主党のフランクリン・ルーズヴェルト大統領は、ニューディールという名の公共事業と福祉、そして社会主義統制経済による経済再建を目指し、国民の圧倒的な支持を獲得した。

その支持を背景にルーズヴェルトは福祉と社会主義統制経済を推進するため、政府機構を肥大化させ、公務員を増やし、労働組合の結成を奨励。その結果、わずか一〇年で労働組合員は九五〇万人と、実に三倍以上に膨れ上がり、その組合員たちがそのまま民主党を支える選挙マシーンとなった。

この労働組合と、社会主義を支持するマスコミ、学者、マイノリティと女性たちによる民主党支持母体――「ニューディール連合」と呼ぶ――によって戦後のアメリカ政治は乗っ取られてしまったのだ。

その結果、アメリカでも、マスコミや大学はリベラルの牙城となり、いまもなおアメリカのマスコミは、日本でいえば朝日新聞のようなリベラル系によって独占されている。

しかも戦後、共和党の政治家たちもその多くが、マスコミから批判されることを恐れ、リベラルに迎合した。D・アンゼンハワー大統領も、R・ニクソン大統領も共和党であったが、保守派とは見做されなかった。そこでアメリカの保守主義者たちは、リベラルに迎合し、国益を考えず、自分の利益しか考えない特権階級——保守派は、彼らを「エスタブリッシュメント」と呼ぶ——から、政治の主導権を取り戻そうと戦いを始めた。

アメリカの保守主義勢力が勝利を収めたのは、一九八一年、共和党のロナルド・レーガン大統領の誕生によってであった。しかし、マスコミは相変わらずリベラルに牛耳られたままであった。

しかもデスーザ氏によれば、リベラル勢力は、レーガン政権の誕生を受けて、性急な革命で社会主義国家を樹立する理想を放棄し、地域住民をオルグして、漸進的かつ密かにアメリカを社会主義化していく「草の根戦略」を採用したという。

その基本戦略を提唱したのが極左活動家のソウル・アリンスキー（Saul David Alinsky）

だ。その戦略とは、貧困層やマイノリティなどを対象に、「コミュニティー・オーガナイザー」と呼ぶ活動家を全国各地に派遣し、地域住民の怒りや不満を煽り、政府権力への敵意を増幅させ、集団で対立的行動をとらせ、反体制の住民組織を構築するというものだ。

そしてこの草の根社会主義運動を推進する「コミュニティー・オーガナイザー」に一九八五年から三年間、従事していたのが、若き日のオバマ大統領なのだ。

オバマ大統領は、前述の自伝『マイ・ドリーム』（木内裕也、白倉三紀子訳）でこう書いている。

一九八三年、私はコミュニティー・オーガナイザーになろうと決意した。だがそんな仕事で生計を立てている人を知っていたわけでもなく、あまり細かいことは考えていなかった。大学のクラスメイトに、いったいそれはどんな仕事なのかと聞かれても、答えることすらできなかった。その代わりに私は、変化が必要なのだと、とうと語ったものだ。レーガン大統領や閣僚たちの汚い政治を阻止しなければならない。それには政権交代が必要だ。迎合的で癒着ばかりの議会にも新しい風が必要である。浮かれ気味で自己完結してしまっているアメリカ社会も変わらなければならない。変化は大きな組織が引き起こすものではなく、草の根の動きが引き起こすのだ。

オバマ大統領は、アメリカ共産党の活動家から指導を受け、反体制の住民組織を構築する草の根社会主義活動家だったのだ。

White Guilt（白人であることの罪）

デスーザ氏によれば、オバマ大統領は、「オバマはケニア人の父から受け継いだ、反植民地主義的で、反資本主義的で、反キリスト教的な『夢』のために、アメリカを破壊しようと突き進んでいる」確信犯なのだ。

確かにそう考えれば、オバマ政権のおかしな政策も理解できる。

まず外交政策では、二〇一三年九月、オバマ大統領は「アメリカは世界の警察官ではない」と演説し、国際社会に衝撃を与えた。

テロとの戦いで経済的に疲弊し、アメリカ軍は縮小に向かっていたとは言え、アメリカ国防総省は、国際社会の秩序に対して懸命に責任をとろうとしていた。ところがオバマ大統領は積極的に米軍予算を削減し、中国の軍事的台頭を容認してきた。

このオバマの外交政策を、米軍関係者は自嘲をこめて「アメリカ封じ込め政策」と呼んでいる。「アメリカが国際社会に関与しないよう封じ込めることが世界の平和につながる」という反米・自虐史観をオバマ大統領は持っているというのだ。

確かに、オバマ大統領は、近代西洋の価値観やキリスト教を反植民地主義や人種差別反対と連動させて厳しく批判する。たとえば、二〇一五年二月、全米祈禱朝食会でオバマ大統領は「十字軍や異端審問で、人々はキリストの名で恐ろしい行為をした。アメリカでもキリストの名で奴隷制度やジム・クロウ（南部で行なわれた黒人隔離政策）が正当化された。我々には信仰を悪用・歪曲する罪深い傾向がある」と演説した。

この二〇年、アメリカでは、人種差別反対、反植民地主義という名目で、西洋文明とキリスト教を否定する自虐教育が横行する一方で、「有色人種、特に黒人を批判することは人種差別に当たるので控えるべきだ」という形で言論統制が強まっている。

このように、白人の伝統的な価値観を否定する自虐的な見方は、White Guilt（白人であることの罪）と呼ばれ、アメリカの保守派の間では、深刻な社会問題になっている。

こうした自虐的なWhite Guiltに対して敢然と立ち向かっているのが、デスーザであり、レーガンの側近であったパット・ブギャナン（著書に『病むアメリカ、滅びゆく西洋』

成甲書房）であり、フェミニズムとの戦いを主導した草の根保守のリーダー、フィリス・シュラフリー女史だ。

そして彼らが二〇一六年の、アメリカ大統領選挙で懸命に応援しているのが、レーガンの後継者と呼ばれるドナルド・トランプなのだ。

トランプは、「再びアメリカを偉大にしよう（Make America great again）」と叫んでいる。それは、社会主義者オバマの自虐的なアメリカ封じ込め政策、破壊政策に断乎として立ち向かおうと主張しているのだ。

アメリカが自由と民主主義を支える自らの価値観に自信を失い、左派リベラルに屈したら、世界の自由主義と民主主義、そして繁栄はどうなっていくのか、アメリカ国民よ、自らの歴史と価値観に誇りを持とうと訴えているのだ。

これまでならば、そんなことを言えば、マスコミから人種差別主義者だと非難され、社会的に抹殺されていた。

ところが大金持ちのトランプは、いくら「人種差別だ」と非難されようがひるまない。その勇気と自信が、「人種差別だ」と非難されることを恐れて沈黙してきた白人男性たちを鼓舞し、国益を考えない「エスタブリッシュメント」の政治を嫌悪してきた保守派の熱狂的な支持を集めている。

トランプ現象の真相

「アメリカを破壊しようとしている社会主義者のオバマに代表されるリベラルに敢然と戦いを挑むトランプ」、この構図を指摘しているのが、テキサス親父こと作家で評論家のトニー・マラーノ氏だ。

米大統領選の共和党指名争いで、不動産王のドナルド・トランプ氏（69）が指名獲得を確実にしたぜ。日本では、過激な発言ばかりが報道されているようだが、今回は、日本のメディアではきっと分からない、トランプ氏を後押しした米国の危機的な事情について説明したい。（中略）

米国は「移民の国」だ。俺の先祖もイタリアから移住してきた。米国の「建国の理念」に賛同する移民たちが、わが国に活力を与え、発展させてきた。ただ、それは合法でなければならない。トランプ氏が「不法移民を強制送還させる」と主張していることは、ある意味当然といえる。

社会主義者の増長は、米国型リベラリズムが、民主党や教育機関、映画などの大衆娯楽を乗っ取った結果だ。彼らは幼稚園のころから「資本主義の邪悪さ」と「社会主義への同情」を刷り込まれた。洗脳だ。自由主義や資本主義の象徴であるトランプ氏は「叩きのめすべき敵」なのだろう。

彼らが、トランプ氏を政治的に貶《おとし》めようとすればするほど、それが逆効果になっている。米国民の多くは「抗議団＝米国を三等国に転落させたい連中」とみている。最近、テロリストを支持する集会が開催されたことが、トランプ氏への得票につながったことも、米国民は知っている。

かつて、カリフォルニア州は米国全体の流れを決めていたが、今や、他の49州の「軽蔑の対象」でしかない。現在のトランプ旋風は「伝統的な米国を守れ」という国民的運動ともいえる。

（二〇一六年五月十三日付「夕刊フジ」）

テキサス親父が指摘しているように、今回の大統領選挙は、「米国を三等国に転落させたいリベラル・社会主義戦力」対「アメリカを再び偉大な国にしようとする保守・自由主義勢力」との戦いという側面がある。

こうした構図は、アメリカのリベラルに毒されたマスコミや政治学者の分析だけを読んでいては、絶対に理解できない。

日本外務省も、アメリカのリベラル系のシンクタンクやマスコミ、そしてリベラル系の国務省とばかり付き合っているので、トランプがなぜ支持されているのか、おそらく理解できていないに違いない。

それは、朝日新聞を読んでいるだけでは、安倍政権がなぜ支持されているのかが分からないのと同じ構図だ。外務省も本腰を入れて、アメリカの保守系との付き合いを始めなければ、アメリカ情勢を正確に判断することなどできないだろう。

何よりもアメリカ自身が左派リベラルによって弱体化し、自信を失っていけば、中国共産党政府を喜ばせるだけだ。現にオバマ政権の時代に、中国共産党政府による南シナ海「侵略」は着々と進んできているではないか。

コミンテルン・アメリカ共産党による内部穿孔工作は、けっして過去の話などではない。だからこそ、アメリカの保守派はいまなお、共産主義の戦争責任を執拗に追及しているのだ。

ソ連は滅んだ。しかし、アジアでは、中国共産党政府と北朝鮮という二つの共産主義国家がアジアの平和と繁栄を脅《おびや》かしている。そして、この二つの共産国家に呼応するかのように、世界中に張り巡らされた共産主義のネットワークがいまなお、暗躍している。もちろん、日本もまた、その例外ではない。

この一〇〇年、日本もアメリカもコミンテルン、共産主義と「冷戦」を戦ってきているのだ。こうした「百年冷戦史観」に立脚してアメリカの保守派と連携し、共産主義の戦争責任を徹底的に追及していく必要があるのだ。

おわりに――日米戦争見直しの視点

「ヴェノナ文書」の公開を契機に、アメリカの保守派の間に、第二次世界大戦の責任は、ルーズヴェルト民主党政権とその背後で日米戦争を仕掛けようとしていたコミンテルンにあるのではないか、との問題意識が浮上している。

その結果、「日本の軍国主義者が世界征服を目論み、大東亜戦争を引き起こした」とする東京裁判史観が見直されているのだ。

もちろん日米戦争に限定しても、戦争とは多様な要因で起こるものだ。コミンテルンだけが日米戦争の要因だと主張するつもりはない。

今後、日米戦争を再検証するに際しては、少なくとも次の五つの視点が必要だと思っている。

第一に、ルーズヴェルト大統領の強い意向だ。

ルーズヴェルト大統領がコミンテルンの日米分断策動に乗った背景には、ルーズヴェルト大統領自身が戦争を望んでいた、という視点を軽視するわけにはいかない。その動機は、日本人に対する差別意識と経済だ。保守派の歴史家ジョン・フリンは『The Truth about Pearl Harbor（真珠湾の真実）』（一九四四年）の中で、「一九三八年にはルーズヴェルト政権に最も近いところにいた政策顧問が、日本を戦争に追い込むことでアメリカの海軍用艦船を建造させ、アメリカの重工業を復活させると語っていた」と指摘し、日米戦争とは一二〇〇万人の失業者対策であったとの視点を提示している。

第二に、ソ連コミンテルンと中国共産党による対米工作だ。

本書では、コミンテルン、およびアメリカ共産党による対米工作を中心に描いたが、筆者は中国共産党による対米工作もかなり大規模に行なわれていたと見ており、現在調査中だ。

第三に、イギリスのチャーチル首相によるイントレピッド（Intrepid）工作だ。

チャーチルは一九四〇年、孤立主義・中立政策に傾倒していたアメリカの国民世論を対独参戦へと転換させるために、ウィリアム＝サミュエル・スティーヴンスンを送り込み、一九四一年、アメリカにおいてイギリス治安調整局（ＢＳＣ）を設立している。この点については、『アメリカはなぜヒトラーを必要としたのか』（菅原出著、草思社）などが詳しく描いている。

第四に、蒋介石中国国民党政権の対米工作だ。よく言われているのが、蒋介石夫人の宋美齢による在米反日キャンペーンだが、それ以外にも、アメリカを対日戦争に引き込むために様々な工作を仕掛けている。

そして第五に、日本政府および日本軍内部の、親ソ派たちによる南進工作だ。コミンテルンは当然のことながら、対日工作も仕掛けており、日本政府と軍部の内部に相当数のソ連と中国共産党のスパイたちが入り込み、日本をして対米戦争に踏み切るよう工作をしていた。朝日新聞の尾崎秀実やドイツのリヒャルト・ゾルゲなどは氷山の一角に過ぎないと思われる。アメリカ政府が公表した「ヴェノナ文書」の中には、モスクワと東京の交信記録もあり、日本国内でも、ソ連のスパイたちがコミンテルンの指示で暗躍していたことは間違いない。

少なくともこれら五つの視点で、日米戦争、大東亜戦争は何だったのか、再検証する必要がある。日本だけに戦争責任があったとする東京裁判史観は、その視野の狭さの故に、すでに破綻していると言ってよい。近現代史は抜本的に見直されなければならない。

主要参考文献

はじめに

西岡力、島田洋一、江崎道朗「歴史の大転換『戦後70年』から『100年冷戦』へ」「正論」二〇一五年五月号
西岡力、島田洋一、江崎道朗「『共産主義が起こした第二次大戦』研究が紹介されぬ日本の歪み」「正論」二〇一六年一月号

第一章

リー・エドワーズ／渡邉稔訳『現代アメリカ保守主義運動小史』明成社　二〇〇八年
佐藤和男監修『世界がさばく東京裁判』明成社　二〇〇五年
ジョン・V・A・マクマリー原著／北岡伸一監訳『平和はいかに失われたか』原書房　一九九七年
上念司『経済で読み解く大東亜戦争』ベストセラーズ　二〇一五年

第二章

ウィリアム・Ｊ・シーボルト／野末賢三訳『日本占領外交の回想』朝日新聞社　一九六六年

西尾幹二『ＧＨＱ焚書図書開封９ アメリカからの「宣戦布告」』二〇一四年

片岡鉄哉『さらば吉田茂』文藝春秋　一九九二年

第三章

"*FBI Memo Explanation and History of Venona Project Information,*"4 September 1999' Source: Pages 61-72 of 75-page FBI FOIA release: "VENONA: FBI Documents of Historic Interest. Re VENONA That Are Referenced in Daniel P. Moynihan's Book Secrecy"

ジョン・アール・ヘインズ、ハーヴェイ・クレア著／中西輝政監訳『ヴェノナ』ＰＨＰ研究所　二〇一〇年

Ｈ・クレア、Ｊ・Ｅ・ヘインズ、Ｆ・Ｉ・フィルソフ／渡辺雅男、岡本和彦訳『アメリカ共産党とコミンテルン』五月書房　二〇〇〇年

Robert D. Novak, "*The Origins of McCarthyism: What did Harry Truman know, and when did he know it,*" The Weekly Standard, Vol. 8, Issue 41 (June 30, 2003)

第四章

福井義高『日本人が知らない最先端の「世界史」』祥伝社　二〇一六年
ティム・ワイナー／山田侑平訳『FBI秘録』文藝春秋　二〇一四年
外務省亜米利加局第一課『米国共産党調書』「JACAR（アジア歴史資料センター）Ref.B10070014000、米国共産党調書／一九四一年（米一_25）（外務省外交史料館）」
日本平和委員会編『平和運動20年資料集』大月書店　一九六九年
中野利子『外交官E・H・ノーマン』新潮文庫　二〇〇一年
佐々木太郎『革命のインテリジェンス』勁草書房　二〇一六年

第五章

外務省亜米利加局第一課『米国共産党調書』「JACAR（アジア歴史資料センター）Ref.B10070014000、米国共産党調書／一九四一年（米一_25）（外務省外交史料館）」

第六章

在ニューヨーク日本総領事館『米国内ノ反日援支運動』「JACAR（アジア歴史資料センター）

Ref.B02030574000、支那事変関係一件 第三十一巻（A-1-1-0-30_031）（外務省外交史料館）」
The American Committee for Non-Participation in Japanese Aggression, "*America's share in Japan's war guilt,*"1938
長尾龍一『アメリカ知識人と極東』東京大学出版会 一九八五年
馬暁華『幻の新秩序とアジア太平洋』彩流社 二〇〇〇年
山岡道男『「太平洋問題調査会」研究』龍溪書舎 一九九七年
クリストファー・アンドルー、オレク・ゴルジエフスキー／福島正光訳『KGBの内幕──レーニンからゴルバチョフまでの対外工作の歴史〈上〉』文藝春秋 一九九三年
若杉要（ニューヨーク総領事）『当地方ニ於ケル支那側宣伝ニ関スル件』「JACAR（アジア歴史資料センター）Ref.B02030591200、支那事変関係一件／輿論並新聞論調／支那側宣伝関係第一巻（A-1-1-0-30_2_4_001）（外務省外交史料館）」
エドワード・ミラー／金子宣子訳『日本経済を殲滅せよ』新潮社 二〇一〇年
E・H・ノーマン／陸井三郎訳『日本における兵士と農民』白日書房 一九四七年

第七章

江崎道朗「コミンテルンが歪めた憲法の天皇条項」「正論」二〇一二年九月号

江崎道朗『コミンテルンとルーズヴェルトの時限爆弾』展転社　二〇一二年
アン・コールター／栗原百代訳『リベラルたちの背信』草思社　二〇〇四年
Phyllis Schlafly, "*Bush buries the shame of Yalta*," "Townhall Media, May 16, 2005
藤井厳喜、稲村公望、茂木弘道『日米戦争を起こしたのは誰か』勉誠出版　二〇一六年
M. Stanton Evans, "*McCarthyism: Waging the Cold War in America*," "Human Events May 30, 1997

第八章

江崎道朗「反米自虐『ホワイト・ギルト』への伝統保守の反旗」『正論』二〇一六年七月号
「米大統領選　2016年——オバマ破壊の旅?」『ニューズウィーク』二〇一二年八月二十九日付
Dinesh D'Souza, *The Roots of Obama's Rage*, Regnery Publishing (October 4, 2011)
Dinesh D'Souza, *America: Imagine a World without Her*, Regnery Pub (2015/06)
バラク・オバマ著／木内裕也、白倉三紀子訳『マイ・ドリーム』ダイヤモンド社　二〇〇七年
倉山満『大間違いのアメリカ合衆国』ベストセラーズ　二〇一六年

切りとり線

★読者のみなさまにお願い

この本をお読みになって、どんな感想をお持ちでしょうか。祥伝社のホームページから書評をお送りいただけたら、ありがたく存じます。今後の企画の参考にさせていただきます。また、次ページの原稿用紙を切り取り、左記まで郵送していただいても結構です。

お寄せいただいた書評は、ご了解のうえ新聞・雑誌などを通じて紹介させていただくこともあります。採用の場合は、特製図書カードを差しあげます。

なお、ご記入いただいたお名前、ご住所、ご連絡先等は、書評紹介の事前了解、謝礼のお届け以外の目的で利用することはありません。また、それらの情報を6カ月を越えて保管することもありません。

〒101-8701（お手紙は郵便番号だけで届きます）
祥伝社新書編集部
電話03（3265）2310
祥伝社ホームページ　http://www.shodensha.co.jp/bookreview/

★本書の購買動機（新聞名か雑誌名、あるいは○をつけてください）

＿＿＿＿新聞の広告を見て	＿＿＿＿誌の広告を見て	＿＿＿＿新聞の書評を見て	＿＿＿＿誌の書評を見て	書店で見かけて	知人のすすめで

★100字書評……アメリカ側から見た 東京裁判史観の虚妄

					名前
					住所
					年齢
					職業

江崎道朗　えざき・みちお

1962年、東京都生まれ。九州大学卒業後、月刊誌編集、団体職員、国会議員政策スタッフを務め、主として安全保障、インテリジェンス、近現代史研究に従事。現在、評論家。著書に『コミンテルンとルーズヴェルトの時限爆弾』(展転社)、共著に『世界がさばく東京裁判』(明成社)、『日韓共鳴二千年史』(明成社、ヨゼフ・ロゲンドルフ賞受賞)、『日本人として知っておきたい皇室のこと』(PHP研究所)、『戦後秘史インテリジェンス』(だいわ文庫)、『国士鼎談』(青林堂)など。監訳として『現代アメリカ保守主義運動小史』(明成社)。

アメリカ側《がわ》から見《み》た 東京裁判史観《とうきょうさいばんしかん》の虚妄《きょもう》

江崎道朗《えざきみちお》

2016年9月10日　初版第1刷発行
2017年12月15日　第3刷発行

発行者……………辻 浩明
発行所……………祥伝社《しょうでんしゃ》
〒101-8701　東京都千代田区神田神保町3-3
電話　03(3265)2081(販売部)
電話　03(3265)2310(編集部)
電話　03(3265)3622(業務部)
ホームページ　http://www.shodensha.co.jp/

装丁者……………盛川和洋
印刷所……………萩原印刷
製本所……………ナショナル製本

Printed in Japan　ISBN978-4-396-11481-7　C0221

〈祥伝社新書〉
近代史

219
お金から見た幕末維新 財政破綻と円の誕生
政権は奪取したものの金庫はカラ、通貨はバラバラ。そこからいかに再建したのか？
作家 渡辺房男《ふさお》

173
知られざる「吉田松陰伝」 『宝島』のスティーブンスンがなぜ？
イギリスの文豪はいかにして松陰を知り、どこに惹《ひ》かれたのか？
作家 よしだみどり

230
青年・渋沢栄一の欧州体験
「銀行」と「合本《がっぽん》主義」を学んだ若き日の旅を通して、巨人・渋沢誕生の秘密に迫る！
作家 泉 三郎

296
第十六代 徳川家達《いえさと》 その後の徳川家と近代日本
貴族院議長を30年間つとめた、知られざる「お殿様」の生涯
歴史民俗博物館教授 樋口雄彦《たけひこ》

448
東京大学第二工学部 なぜ、9年間で消えたのか
「戦犯学部」と呼ばれながらも、多くの経営者を輩出した〝幻の学部〟の実態
ノンフィクション作家 中野 明

〈祥伝社新書〉
昭和史

460
石原莞爾の世界戦略構想
希代の戦略家にて昭和陸軍の最重要人物、その思想と行動を徹底分析する
日本福祉大学教授 **川田 稔**

344
蔣介石の密使 辻政信
二〇〇五年のCIA文書公開で明らかになった驚愕《きょうがく》の真実！
近代史研究家 **渡辺 望《のぞむ》**

429
日米開戦 陸軍の勝算
「秋丸機関」の最終報告書
「秋丸機関」と呼ばれた陸軍省戦争経済研究班が出した結論とは？
昭和史研究家 **林 千《ち》勝《かつ》**

332
北海道を守った占《しゅむ》守《しゅ》島《とう》の戦い
終戦から3日後、なぜソ連は北千島に侵攻したのか？ 知られざる戦闘に迫る
自由主義史観研究会理事 **上原 卓《たかし》**

392
海戦史に学ぶ
名著復刊！ 幕末から太平洋戦争までの日本の海戦などから、歴史の教訓を得る
元・防衛大学校教授 **野村 實《みのる》**

〈祥伝社新書〉
韓国、北朝鮮の真実をさぐる

313
困った隣人 韓国の急所
なぜ韓国大統領に、まともに余生を全《まっと》うした人がいないのか
井沢元彦
呉 善花

257
朝鮮学校「歴史教科書」を読む
門外不出の教科書を入手して全訳、その内容を検証する
井沢元彦
萩原 遼

271
北朝鮮 金《キム》王朝の真実
北朝鮮を取材すること40年の大宅賞作家が描く、金一族の血の相克
作家
萩原 遼

282
韓国が漢字を復活できない理由
韓国の漢字熟語の大半は日本製。なぜ、そこまで日本を隠すのか？
作家
豊田有恒

302
本当は怖《こわ》い韓国の歴史
韓流歴史ドラマからは決してわからない、悲惨な歴史の真実
作家
豊田有恒

〈祥伝社新書〉
中国・中国人のことをもっと知ろう

223
尖閣戦争 米中はさみ撃ちにあった日本
日米安保の虚をついて、中国は次も必ずやってくる。ここは日本の正念場
西尾幹二
青木直人

301
第二次尖閣戦争
『尖閣戦争』で、今日の事態を予見した両者による対論、再び！
西尾幹二
青木直人

327
誰も書かない中国進出企業の非情なる現実
許認可権濫用、賄賂・カンパ強要、反日無罪、はたしてこれで儲かるのか
青木直人

388
日朝正常化の密約
なぜか誰も書かない恐ろしい真実。日本はいくら支払わされるのか？
ニューズレター・チャイナ編集長
青木直人

398
21世紀の脱亜論――中国・韓国との訣別《けつべつ》
いま耳傾けるべき、福澤諭吉130年前の警告！
評論家
西村幸祐

〈祥伝社新書〉
話題のベストセラー

379
国家の盛衰
3000年の歴史に学ぶ
覇権国家の興隆と衰退から、国家が生き残るための教訓を導き出す！
上智大学名誉教授 渡部昇一
早稲田大学特任教授 本村凌二

351
英国人記者が見た 連合国戦勝史観の虚妄
信じていた「日本＝戦争犯罪国家」論は、いかにして一変したか？
ジャーナリスト ヘンリー・S・ストークス

371
空き家問題
1000万戸の衝撃
毎年20万戸ずつ増加し、二〇二〇年には1000万戸に達する！ 日本の未来は？
不動産コンサルタント 牧野知弘

420
知性とは何か
日本を襲う「反知性主義」に対抗する知性を身につけよ。その実践的技法を解説
作家・元外務省主任分析官 佐藤 優

440
日韓 悲劇の深層
「史上最悪の関係」を、どう読み解くか
評論家 西尾幹二
拓殖大学国際学部教授 呉 善花